AF229077

DE L'ÉTAT ACTUEL DES CHOSES.

EXTRAIT

DU JOURNAL DU NORD

Des Neuf, Dix, Onze et Douze Septembre 1829.

PREMIER ARTICLE.

La cause la plus fertile en mécomptes dans les choses d'ici-
bas, tant collectives qu'individuelles, tant politiques que
privées, c'est la négligence qui omet ou la préoccupation
d'esprit qui empêche l'appréciation exacte, calme et appro-
fondie de la situation où l'on se trouve. La présomption qui
se dissimule les dangers ou la timidité qui se les exagère,
tels sont les deux écueils sur lesquels viennent presque
toujours échouer les calculs humains. Que les affaires de la
religion et de la monarchie aient été plus d'une fois compro-
mises par de semblables influences, c'est sur quoi il est inutile
d'insister. Le passé nous a légué d'utiles leçons; qu'elles ne
soient pas perdues pour l'avenir, car c'est l'avenir qu'il s'agit
plus que jamais de préparer; c'est à s'en emparer au profit de
la société que les royalistes sont appelés aujourd'hui; c'est là
la mission que la Providence leur confie : mission grande

qu'ils ne sauraient remplir qu'avec tout ce que le cœur peut renfermer d'abnégation et de dévouement ; mission qui exige surtout une vue claire et complète de l'état actuel des choses et de ce qu'elles contiennent de ressources et d'obstacles.

C'est à cet examen qu'il nous paraît utile de nous livrer, non pas toutefois que nous prétendions entrer dans la discussion didactique des diverses questions de détail qui se rattachent à notre situation politique : les développemens que comporterait un semblable plan, ne feraient que voiler le résultat principal que nous voulons mettre en vue. Lorsque les principes fondamentaux sont en lutte, c'est sur leur terrain qu'il faut combattre. Lorsqu'il s'agit pour les peuples, pour le pouvoir lui-même de faire un choix de la doctrine-mère qui doit engendrer les destinées futures de la société, on sent que le premier besoin est de bien déterminer le point de départ. En procédant de cette manière, nous entrons d'ailleurs dans la voie nouvelle que les besoins du siècle ont ouverte ; nous nous rallions à cette union de la philosophie et de la politique qui ne peuvent plus être séparées. Aujourd'hui en effet qu'à force de publicité, à force de communications intellectuelles, l'âme de la société s'est en quelque sorte révélée au grand jour, chacun est pénétré de cette vérité qu'il ne s'agit, en définitive, entre les hommes que de doctrines ; que c'est là seulement ce qu'il faut chercher au fond des faits, des luttes, des agitations politiques dont l'histoire nous présente la série ou que les événemens contemporains font passer sous nos yeux. On peut le dire : le mouvement social n'est autre chose qu'une tentative continuelle, un effort sans cesse répété vers l'ordre, et l'ordre c'est le triomphe de tel ou tel principe.

Quel est le principe qui domine la société actuelle ? quel est le principe qu'il importe d'y faire prévaloir ? Telle est toute la question que nous voulons traiter. Nous nous attacherons, en le faisant, à ne rien déguiser. Laissant aux feuilles libérales les injures et les calomnies, nous nous souviendrons que le devoir de ceux qui s'adressent à l'opinion publique, c'est de parler avec conscience, probité et modération.

Toutes les destinées sociales, depuis une longue série de siècles, semblent être renfermées dans un seul mot. *Liberté* tel est le mot magique qui, bien ou mal interprété, a remué la société dans ses fondemens les plus intimes, qui s'est trouvé au fond de toutes les questions politiques ou religieuses, de toutes les révolutions qui ont successivement agité le monde moderne.

Où ce mot a-t-il pris naissance ? Qui l'a apporté au monde ? Personne ne l'ignore.

C'est au moment où l'esclavage était devenu le droit du fort sur le faible, où une corruption profonde et incompréhensible avait dégradé l'humanité entière, où la force brutale était le seul arbitre de l'univers; au moment où la puissance romaine avait tout envahi par le seul droit qu'elle s'était attribué de tout envahir, où elle ne voulait laisser subsister dans le monde entier qu'un peuple et qu'une ville, où en étendant sa domination sur toute la surface de la terre, elle avait effacé tous les titres, renversé tous les droits, méconnu toutes les indépendances; c'est au momont où la société en était venue à ce point d'avilissement et d'abrutissement que les peuples n'ambitionnaient plus qu'une gloire, celle d'être les tributaires de Rome, où les nations mettaient leur servitude à honneur ; c'est lorsque les Dieux eux-mêmes avaient quitté le Capitole pour faire place aux Césars et que les Césars étaient gouvernés par des affranchis et des joueurs de flûte, c'est alors que le christianisme vint réveiller les peuples et les appeler à la liberté.

Il nous importait de rappeler cette origine ; il nous importait de partir de ce point que la première doctrine de la liberté fut la doctrine chrétienne.

C'est là une protestation qu'il faut faire entendre haut : c'est là une vérité qu'il faut cimenter dans l'opiuion publique : il faut qu'on sache que les hommes religieux ne craignent pas la liberté, qu'ils l'appellent au contraire de tous leurs vœux, qu'ils l'appellent conformément et conséquemment à l'esprit de la religion catholique. Et si l'ignorance repousse si impudemment cette religion, parcequ'elle ne l'a jamais vue que grossièrement défigurée, si la mauvaise foi et les calomnies continuent à l'outrager par de ridicules accusations de connivence avec le despotisme, c'est par la manifestation simple et franche de leurs doctrines, par leur ardeur et leur fidélité à les soutenir qu'ils prouveront au monde entier de quel côté se trouve le véritable germe des libertés publiques.

Pourquoi donc les hommes religieux trouvent-ils devant eux des adversaires qui, aussi de leur côté, invoquent la liberté ? Pourquoi tant de luttes lorsque tous paraissent former les mêmes vœux ? nous allons le comprendre.

C'est qu'il existe deux libertés ; celle qui selon la définition de Montesquieu consiste à pouvoir faire tout ce qu'on doit vouloir ; et celle qui, selon d'autres pensées, consiste à faire tout ce qu'on veut.

Et comme on doit vouloir la conservation de la société ; c'est-à-dire de l'autorité qui en est la condition expresse, on peut dire en d'autres termes que ces deux libertés sont :

L'une, la liberté conservatrice de l'autorité ;

Et l'autre, la liberté subversive de l'autorité.

Maintenant, de quel côté se trouve la majorité ? Nous déclarons sans hésiter que c'est du côté de la seconde ; que c'est une liberté menaçante pour la société que la plus grande partie des vœux appellent.

Et comment en serait-il autrement ? L'homme ne porte-t-il

pas dans son cœur un penchant invétéré à s'affranchir de toute règle, de tous freins, de toute dépendance ? Et lorsque tout tend à exalter cette passion d'égoïsme, lorsque le sophisme vient chaque jour lui prodiguer les honneurs de la vertu ; lorsque des écrivains coupables emploient leur funeste talent à la préconiser, à l'annoblir, à la fortifier par toutes les expressions que l'humanité a réservées à ce qui est grand, élevé, généreux ; lorsque ces écrivains n'ont pour les hommes forts qui suivent une autre voie que le sarcasme, l'injure, le mépris, la calomnie et la haine ; lorsqu'enfin il y a honneur et profit à se faire centre de tout, à élever le *moi* humain au-dessus de tout ce qui fait la force de la société, lorsqu'il y a des couronnes de chêne, des médailles, des ovations et des triomphes pour les héros de ces doctrines anti-sociales, comment serait-il possible que le plus grand nombre ne succombât pas à une aussi attrayante séduction ?

Il est doux toutefois de le reconnaître. Ce n'est pour la majorité qu'une séduction ; ce n'est pas de propos délibéré et par un choix spontané qu'elle s'attache à cette liberté anarchique. La voix de la conscience ne se tait pas ainsi : et si l'homme trouve en lui une disposition permanente à s'isoler par un amour déréglé de lui-même, cette disposition se trouve constamment combattue par un sentiment indestructible qui le rallie à la société et aux conditions de la société. Les factieux le savent et ils trompent : c'est en égarant la raison publique, c'est en l'endormant d'abord par de perfides poisons, qu'ils sont parvenus peu à peu à la pervertir et à la rendre enfin l'auxiliaire involontaire, mais active, de leurs sinistres projets.

Quoiqu'il en soit, le résultat existe ; et ce résultat il faut le mettre en saillie, parce que ce n'est pas en dissimulant la profondeur de la plaie, qu'on parvient à la guérir.

Nous nous résumons donc et nous disons :

1.º Il existe un besoin général de liberté ;

2.º Ce besoin de liberté est interprété par le plus grand nombre d'une manière hostile pour l'autorité et menaçante pour la société ;

3.º Cette dépravation de l'esprit public est le crime de la presse.

La question qui s'élève immédiatement, c'est celle de savoir par quelle mesure cette action désastreuse de la presse pourrait être réprimée. C'est ce que nous examinerons dans un prochain article.

DEUXIEME ARTICLE.

Nous avons porté, dans l'article précédent, une accusation formelle contre la presse : nous l'avons signalée comme la source impure qui a empoisonné l'esprit public et qui a fait couler à pleins bords dans la société les doctrines subversives de tout ordre ; nous avons terminé en élevant cette question : quelle mesure est-il convenable de prendre à l'égard de la presse ?

Nous répondrons qu'il serait inutile aujourd'hui de chercher un remède efficace soit dans les mesures préventives, soit dans les lois répressives dont le pouvoir est armé et dont il augmenterait en vain la sévérité. Nous dirons que les moyens de police qui sont les seuls qu'un gouvernement politique puisse avoir à sa disposition, sont devenus tout-à-fait insuffisans pour entretenir avec la presse une lutte, non pas avantageuse, mais seulement égale ; nous dirons que soit que le pouvoir s'appuie sur une magistrature fidèle, intègre, ferme et active à punir les délits de la presse, soit qu'il veuille recourir de nouveau à un système de prohibition qui empêche

la pensée coupable de se produire au jour, il se trouve dé-
sarmé et sans défense véritable vis-à-vis des aggressions de la
presse.

Cette opinion pourra surprendre, aussi exige-t-elle quelques
développemens.

Et d'abord examinons de quelle nature est la liberté de
la presse et par quelle voie elle s'est introduite dans la
société.

On peut dire avec vérité que le pouvoir n'a rien concédé à
cet égard, et que lorsqu'il a octroyé le principe de cette liberté,
il n'a fait que sanctionner un fait qui s'était successivement
établi de lui-même, un fait dès long-tems subsistant et parvenu
jusqu'à nous par un mouvement de progression sociale dont
l'invention de l'imprimerie était le premier terme. Une fois
les idées mises en circulation par ce moyen prodigieux, il est
devenu pour ainsi dire impossible de les arrêter. Ce n'est pas
que dès l'invasion de cette force nouvelle, un pouvoir éclairé
et prévoyant n'eût pu, par des mesures sages et fermes contre
l'erreur autant que protectrices pour la vérité, en prévenir les
déviations : ce n'est pas qu'au moment où les esprits eurent
conquis cet instrument puissant qui tendait à affranchir les opinions individuelles du joug de l'autorité, elle n'eût pu, à la
faveur de l'influence considérable qu'elle exerçait encore sur
l'esprit des peuples, en modérer, en diriger efficacement
l'emploi ; mais il aurait fallu pour cela que la répression du
mal fût commise à l'autorité qui, chargée du dépôt de la vérité,
est la seule compétente pour signaler l'erreur et qu'en outre
cette autorité eût été environnée de la force qui seule peut
garantir l'obéissance. Or il n'en a pas été ainsi. L'Eglise sut
bien reconnaître, dès le principe, quels pouvaient être les
résultats funestes de la révolution intellectuelle et morale qui
se préparait, et elle put le reconnaître d'autant plus facilement
que les premiers symptômes avaient été des menaces contr'elle;

mais elle était destinée à lutter infructueusement. Elle prit toutes les mesures auxquelles elle pouvait recourir pour arrêter ce que ce mouvement des esprits pouvait avoir de déréglé et d'anti-social , et ces mesures eussent été efficaces si le pouvoir politique l'avait secondée , ce qu'il ne fit pas. La force manqua à l'Eglise parce que le pouvoir politique ou s'éloigna entièrement d'elle ou ne lui prêta pas un secours suffisant. A cette époque les trônes se séparaient plus ou moins de l'autel : les Rois caressaient aussi dans leur propre cœur cette passion d'indépendance qui ne se tait pas par cela qu'on commande aux autres et qu'on a besoin de leur dépendance et de leur soumission : les luttes , les dissensions , les désaccords que la royauté jalouse entretenait avec Rome , avaient accoutumé les peuples à je ne sais quel spectacle de résistance et d'opposition à l'autorité qui laissait dans le cœur des sujets des impressions funestes pour la royauté elle-même : mais c'est ce qu'elle ne vit pas ; et c'est sous l'influence de ces impressions et à la faveur de cet aveuglement du pouvoir politique que la liberté prit son essor.

Que les yeux du pouvoir furent dessillés plus tard , qu'il chercha par diverses tentatives à réprimer les dangers qu'il avait enfin aperçus , c'est ce que tout le monde sait : mais ce que tout le monde n'a pas assez observé , c'est que cette répression exercée par le pouvoir politique ne fut jamais dirigée que dans ses intérêts personnels ; ce fut moins pour défendre la société que pour se défendre lui-même qu'il montra son glaive à la licence de la presse. Il fallait se taire à l'égard du prince , mais à cela près tout était permis ou à peu-près. La presse fit mieux , elle loua le prince afin de mieux assurer son droit de licence sur tout ce qui n'était pas lui. A la faveur de cette impunité , la presse établit son empire : tous les esprits en devinrent peu-à-peu tributaires. La contagion gagna de proche en proche si bien que le pouvoir politique lui-même fut , de concession en concession , conduit à

s'offrir en holocauste à cette puissance morale qui depuis long-
tems l'attaquait sourdement ; on vit même des têtes cou-
ronnées entrer dans la ligue formée contr'elles-mêmes ; le
scandale du trône fut pour ainsi dire officiellement et sous
autorisation de police dénoncé à la multitude comme le scandale de l'autel. La multitude ne pouvait rester insensible à une
invitation aussi désintéressée : elle obéit , le trône et l'autel
s'engloutirent dans une mer de boue et de sang......

La société toutefois ne devait pas périr encore dans le gouffre
révolutionnaire ; elle se releva peu-à-peu et arriva à la légitimité par l'usurpation et le despotisme. Comme usurpateur et
comme despote , Buonaparte avait doublement besoin qu'on
se tût et il arriva alors ce qui arrive toujours lorsqu'une main
de fer et une volonté d'airain tiennent le pouvoir : la presse
fut servilement adulatrice. Nous n'irons pas chercher les noms
de ceux qui à cette époque s'en rendirent les organes ; tous
les rapprochemens ont été faits et l'on sait depuis long-tems
que la licence sait s'accommoder aux fers du despotisme.
Quoiqu'il en soit , ce fut une nouvelle corruption ajoutée à
toutes les corruptions qui s'étaient amassées dans le cœur
humain depuis plusieurs siècles. De coupable qu'elle avait été
sous le Régent, Louis XV et Louis XVI, d'épouvantable
qu'elle s'était montrée pendant la révolution , la presse devint
méprisable. Personne ne gagna rien à la censure impériale.
Les crimes comme les exploits de Buonaparte n'avaient pas
besoin de l'interprétation ni des commentaires qu'il comman-
dait au bel esprit du despotisme ; la littérature en fut tachée
et flétrie ; la proscription des principes conservateurs de la
société restant maintenue, la société continua à s'affaiblir ,
les intelligences à s'égarer, les âmes à perdre les notions
du vrai.

C'est dans cette situation que la restauration prit les choses ;
une grande joie s'éleva en France lorsqu'elle apparut. Quelle
était la cause de cette joie ? Etait-elle toute entière donnée au

triomphe d'un principe sacré ? Nous ne le pensons pas. Peu d'hommes s'occupent de principes ; la masse ne pense qu'aux intérêts. Or, les intérêts avaient été violemment froissés pendant 25 ans. Les Bourbons amenaient avec eux la paix et la promesse d'une prospérité matérielle, qui certes a été bien remplie, et cette promesse exaltait les espérances.

On peut le dire avec vérité, il y eut de part et d'autre quelque méprise. Les Bourbons interprétèrent la joie publique avec la générosité de leur cœur, avec la pureté de leurs intentions, avec ce sentiment qu'on rapporte d'une longue épreuve et qui montre les hommes mûris comme on l'est soi-même. La France enivrée de son bonheur présent, remplie de confiance dans l'avenir, amoureuse d'un Roi généreux qui lui apportait du fond de son long exil, la liberté et la paix, se crut à jamais convertie au principe de l'autorité. La France fut de bonne foi, et la preuve c'est cet amour inaltérable qui la lie au trône. Mais si les cœurs reçurent comme un bienfait du ciel la restauration des Bourbons, les esprits acceptèrent-ils comme une conséquence nécessaire la restauration des doctrines sociales ? C'est ce que nous ne pensons pas, c'est même ce qu'il est impossible de supposer.

Et en effet, l'attachement aux doctrines sociales ne peut naître que de deux manières : ou par la direction donnée à l'éducation publique ou par des études spéciales et approfondies. Et il faut le dire, lorsqu'on ne suce pas avec le lait ces principes qui font la vie de la société ; lorsqu'on n'apporte pas de son berceau même le sentiment qui les grave dans le cœur et qui en imprime la nécessité dans l'esprit ; lorsqu'enfin l'exemple général, l'opinion dominante ne viennent pas faire autorité en leur faveur et les consacrer par le respect public, peu d'hommes sont capables des efforts consciencieux et de la bonne foi entière que réclame leur recherche. Il n'est pas en effet d'étude plus fatigante pour l'amour-propre ; car il faut constamment oublier son individualité pour pouvoir comprendre ce que ces principes renferment de général, de collectif, de social en un mot : il faut constamment courber le *moi* de l'individu vis-à-vis du *moi* de la société. Tout le secret de cette étude est là, outre ce qu'il faut apporter dans toute étude et surtout dans toute étude philosophique : de l'activité, de l'intelligence et du tems.

Or, à l'avénement des Bourbons, l'éducation publique était depuis long-tems au rebours de toute direction favorable au développement de l'élément social. Buonaparte qui ne connaissait d'autre philosophie que celle du sabre, avait voulu que les doctrines du sabre fussent seules enseignées à cette jeunesse malheureuse qu'il avait parquée dans ses colléges et ses lycées, en attendant le moment d'exploiter au profit de son ambition le fanatisme guerrier qu'il lui inspirait. Quelques-unes de ces vérités secondaires, de ces vérités stériles de la science, voilà tout ce que l'on donnait pour aliment à ces jeunes intelligences. Contrainte pour les esprits à qui il n'était permis de rien voir au-dessus des résultats de la géométrie et de l'algèbre, contrainte pour les cœurs auxquels on imposait pour premier devoir d'aimer par-dessus toutes choses l'auguste Empereur, contrainte pour le corps qu'il fallait façonner bon gré mal gré aux habitudes guerrières et aux fatigues des camps, tel est en peu de mots le système d'éducation suivi par Buonaparte. Celui-ci sentit bien qu'il fallait un dédommagement à tant de servitude : ce dédommagement fut donné à la jeunesse : elle put être en toute liberté impie et licencieuse.

Voilà ce qu'était la génération naissante. Celle qui la précédait, saisie au milieu des erreurs et du scepticisme philosophique du 18.ᵉ siècle, par les agitations convulsives de la révolution, n'avait eu de tems que pour être spectatrice de ce grand drame qui l'avait fait frémir, sans qu'elle en comprit le sens et le but. Les hommes de ce tems s'étaient occupés à sauver leur tête sans rechercher pourquoi elle avait été mise en danger. Un profond aveuglement d'esprit, résultat des ténèbres que la licence de la presse avait accumulées sur la société, voilà avec quoi la multitude était entrée dans la révolution et avec quoi elle en était sortie. Aussi dès l'instant que le tems eut calmé ce sentiment si vif d'enthousiasme qui avait accueilli les Bourbons; lorsque les espérances de bonheur matériel que leur présence avait fait naître eurent perdu leur prestige, soit qu'elles eussent été trompées pour les uns, soit qu'elles se fussent transformées en habitude de prospérité pour les autres; lorsqu'en un mot après avoir épuisé les caresses de l'arrivée, il fallut entrer dans le sérieux et le positif des affaires, on fut tout étonné de se retrouver sous l'empire d'idées, d'opinions, de préjugés, d'attraits dangereux qu'on croyait avoir oubliés et qui n'avaient fait que se reposer et s'accroître en silence à la faveur du profond sommeil intellectuel dans lequel la France avait été ensevelie pendant les horreurs de la révolution et le despotisme de l'empire.

Ainsi, ignorance complète des véritables vérités philosophiques ; fidélité gardée, faute de mieux, au philosophisme étroit, mesquin, matérialiste, sensualiste du 18.ᵉ siècle ; amour instinctif de la licence développé en même-tems par le système d'éducation publique, par le contre-coup révolutionnaire et l'exemple de l'usurpation triomphante, voilà dans quel cadre vint se placer la liberté de la presse à l'avénement des Bourbons. Que devait-elle être alors, si ce n'est l'écho de l'ignorance, des préjugés et des passions ?

Pour compléter le tableau de notre situation, il convient d'indiquer de quelle manière se plaça le pouvoir au milieu de ces difficultés et quelle influence il exerça à l'égard du développement que prit la liberté d'écrire. Nous consacrerons à cette appréciation l'article suivant.

TROISIÈME ARTICLE.

Quelle a été l'attitude du pouvoir depuis la restauration ? Quelle nature de force morale a-t-il déployée au milieu des difficultés qui l'environnaient ? Quel système de doctrines a-t-il opposé à toutes les idées fausses, anti-sociales que le dernier siècle et les derniers événemens politiques avaient léguées à la société ? Telle est la question que nous nous sommes promis d'examiner et dans laquelle nous apporterons la franchise quel'on a pu reconnaître jusqu'ici à nos discussions. Dire d'ailleurs que dans tout ce qui va suivre, les intentions sont hors de cause, c'est sur quoi il nous paraît inutile d'insister.

Deux choses sont nécessaires aux hommes ; deux choses suffisent, mais sont indispensables pour asseoir la société sur ses véritables bases, la religion et la liberté : ou plutôt ces deux choses n'en sont qu'une ; car, comme nous l'avons dit dans un de nos précédens articles, c'est de la liberté que la religion est mère. Il ne peut être question d'ailleurs que de la religion catholique qui est la seule vraie.

Ces deux choses sont sympathiques aux Bourbons. Portant la religion dans le cœur, ils y avaient trouvé pour leur peuple un besoin de liberté à satisfaire. La Charte est le témoignage de ce noble sentiment.

Le rôle des divers ministères qui se sont succédé était dès-lors facile. C'est armé de religion, armé de liberté que le pouvoir devait descendre dans la lice. Il pouvait même simplifier encore, et si l'on veut à toute force que la religion et la liberté soient deux choses distinctes, il pouvait se contenter d'entrer franchement et sans préjugés dans un système exclusif de liberté qui, en réprimant avec vigueur les tentatives évidentes contre l'ordre et les doctrines manifestement contraires à la morale publique et à la dignité du trône, aurait admis d'ailleurs le catholicisme à se développer sans contrainte au milieu des diverses doctrines philosophiques ou politiques qui prétendaient à l'empire des esprits.

Il faut le reconnaître , ce ne fut pas là la marche suivie par les diverses administrations qui tinrent successivement le timon des affaires. Dominées en même-tems par la crainte d'une démagogie toujours menaçante et par les anciens préjugés du pouvoir contre le catholicisme, elles s'isolèrent de toute doctrine forte, fondamentale, et voulurent gouverner sans point d'appui véritable. Accueillant sans cesse tous les principes , ceux de liberté comme ceux de religion ; reculant sans cesse devant les conséquences de ces principes , le pouvoir se trouvait en contradiction perpétuelle avec lui-même. De là ces oscillations continuelles , ces brusques transitions , ces révolutions de systèmes qui prenaient leur source dans l'absence d'un principe générateur. On voulait bien du catholicisme, mais on le trouvait trop exigeant ; on voulait bien de la liberté mais on la trouvait trop exclusive. D'ailleurs on n'avait jamais compris que le catholicisme pût s'accommoder de la liberté et la liberté du catholicisme. On avait pris la licence libérale pour l'exagération d'un principe vrai, mais dont l'application était dangereuse, et l'on ne voulait voir dans le catholicisme qu'une tendance à un despotisme religieux qui menaçait le pouvoir lui-même ; ce qui était une double erreur. En réalité on ne voulait ni de l'une ni de l'autre , et pour éviter de s'appuyer sur quelque chose, le pouvoir ministériel se contentait de s'appuyer sur lui-même, c'est-à-dire que placé entre deux forces qui luttaient entr'elles , il était toujours entraîné par celle qui l'emportait. Or , comme sous prétexte de protection , le pouvoir tenait le catholicisme en tutelle et que de peur de le compromettre il lui interdisait de s'avancer et de se montrer ; comme on s'était chargé de le diriger et qu'on le dirigeait sous l'influence de la crainte qu'on en avait et le plus souvent sous l'influence d'un secret penchant ou tout au moins d'un sentiment de respect humain pour les doctrines libérales , c'étaient en définitive celles-ci qui triomphaient toujours et qui , dans leur triomphe , ébranlaient le pouvoir en même-tems qu'elles s'emparaient plus fortement de la faveur publique.

Le pouvoir n'était pas sans éprouver secrètement le sentiment de sa position ; obligé chaque matin de se faire une existence d'un jour, forcé d'entretenir une lutte continuelle en sa faveur contre la déconsidération qui l'atteignait, il n'avait trouvé d'autre moyen que de se faire une sorte de despotisme constitutionnel qui s'appuyait sur les hommes et les intérêts. C'était avec des hommes et des intérêts qu'on comptait gouverner tranquillement, qu'on espérait échapper à cette terrible nécessité de se déclarer pour un principe fondamental. Mais ce n'était pas la tranquillité qui sortait de ce système, c'était des sévérités inutiles qui ameutaient les vanités, les amours-propres ; c'était une petite guerre de destitutions, de résistances réciproques ; c'était des intérêts blessés qui s'éloignaient des intérêts favorisés ; c'était en un mot tout ce que peuvent donner les hommes et les intérêts lorsqu'aucun lien de doctrine ne les rassemble et ne les discipline : le désordre, la contradiction, la désunion.

La presse, dirigée par les influences anti-sociales auxquelles l'esprit public était dès long-tems livré, sut mettre habilement à profit les fautes et l'indécision du pouvoir. Les attaques naissaient chaque jour plus virulentes, plus audacieuses, plus criminelles : la société recevait à chaque instant de terribles secousses : tous les gens de bien accusaient la presse ; le pouvoir, impuissant par sa propre faute, l'accusait aussi et il se tournait sans cesse de la censure aux tribunaux et des tribunaux à la censure pour trouver un remède qu'il n'atteignait jamais.

C'est ici le moment d'examiner les deux systèmes de *la censure* et *des lois répressives* qu'on a opposées alternativement jusqu'ici à l'audace de la presse.

Quant au système des lois répressives, son inefficacité saute aux yeux. Rien de plus simple à concevoir. Les lois répressives n'ont d'action sur la société qu'autant qu'elles joignent à la peine matérielle qu'elles infligent une atteinte morale qui puisse punir le cœur par la honte et le déshonneur. Toutes les répressions légales , hormis celles qui sont relatives à la presse , ont ce caractère. Les délits de la presse sont seuls affranchis de l'infâmie ; le glaive de la magistrature est impuissant pour flétrir , aux yeux des hommes séduits , le crime commis par le sophiste dont l'audace a ébranlé les bases de la société. Dans un pays comme la France où la masse porte dans son cœur, sous le nom d'amour de liberté, un penchant secret pour la licence, tout écrivain licencieux est un apôtre lorsque la loi ne peut l'atteindre , éludée par l'adresse artificieuse des mots , et un martyr lorsqu'elle l'a atteint. Bien loin donc que la condamnation d'un écrivain soit la flétrissure de ses doctrines , elle n'est souvent qu'un relief de plus , qu'un titre nouveau qui pare son œuvre et qui lui apporte je ne sais quel vernis de persécution dont l'honneur du sophiste se rehausse. En un mot l'arrêt vengeur d'un tribunal n'a d'effet que lorsqu'il est sanctionné par l'assentiment public ; mais lorsqu'au contraire cet arrêt peut être accueilli par une critique amère, par des accusations de rigueur , d'injustice, d'iniquité même, lorsque ces accusations trouvent dans une foule de cœurs des échos qui y répondent, que servent les sévices de la justice si ce n'est à affaiblir le respect qu'elle doit inspirer et à voiler aux yeux des peuples son caractère auguste et sacré ? Nous ne parlons pas de ces défenses plus scandaleuses que l'écrit défendu ; de ce droit attribué à l'avocat de justifier par des sophismes inviolables les sophismes accusés : nous ne parlons pas non plus de ces triomphes que la faiblesse ou les préjugés des juges eux-mêmes peuvent quelquefois réserver , par une absolution funeste , aux doctrines anti-sociales traduites devant eux : aucun de ces inconvéniens n'a échappé à la sagacité publique qui , depuis long-tems accuse non-seulement l'inefficacité, mais même le danger du système répressif en ce qui concerne les délits de la presse.

Mais la censure ? le système préventif ?.... Le système préventif ! Et que peut-il donc prévenir ? le mal n'est-il pas fait ?

la corruption profonde des esprits, telle qu'elle existe ; telle
que nous nous sommes attachés à la montrer, sera-t-elle guérie
par le silence ? et ce silence, l'obtiendrez-vous ? à défaut de
calomnies d'à-propos, vous aurez des colonnes en blanc qui sau-
ront bien parler à l'imagination du lecteur; vous aviez retranché
une plaisanterie, un sarcasme, une injure; il y verra des fers et le
règne des muets: vous prohiberez, dites-vous, les colonnes en
blanc : Hé bien ! on les remplira avec des extraits de Voltaire, de Rousseau, de Diderot, de Cabanis. La main la plus
sévère et la plus ferme parviendrait-elle à empêcher qu'on
ouvrît ces livres et qu'on les déchirât page par page pour les
jeter au peuple et enflammer ses passions ? Cette main se
trouvât-elle, cette main réussît-elle, il resterait encore Bossuet,
Bourdaloue, Massillon ; c'est par leur voix qu'on trouverait
moyen de prêcher la souveraineté du peuple et la guerre aux
tyrans, c'est-à-dire aux Rois. Il ne ne faut pas l'oublier,
les mots n'ont pas de sens absolu : ils se plient, ils se fa-
çonnent, ils obéissent à toutes les directions qu'on veut leur
donner, à toutes les impressions qu'on cherche. Ce n'est pas
avec les yeux qu'on lit, c'est avec le cœur, et le cœur livré à
la passion sait trouver partout des alimens pour elle. Ce n'est
pas ici de la théorie, c'est un fait mis hors de discussion par
toutes les tentatives des précédens ministères qui ont
cherché dans la censure un remède à la licence de la
presse. Toujours la pensée anti-sociale est parvenue à briser
ces faibles liens et à s'échapper plus astucieuse, plus perfide,
plus puissante; toujours elle a trouvé moyen de pénétrer
dans la société, de s'y établir sous l'une ou l'autre des mille
formes qu'elle peut revêtir et de porter dans l'esprit public l'im-
pression qu'elle voulait produire : et cela parce que la société
était toute disposée, parce que semblable à un sol préparé
depuis long-tems, le moindre germe qui y est déposé s'y féconde et s'y multiplie.

Je n'ajouterai pas à ces considérations que la censure exercée

par le pouvoir politique peut d'ailleurs l'être en sa faveur seule;
qu'elle peut avoir aussi des rigueurs pour la franchise du catholicisme et des entraves pour la véritable liberté. C'est un poids
que nous ne voulons pas mettre dans la balance et il suffit, ce
semble, de ce que nous avons dit et surtout de ce qui s'est passé et
se passe encore tous les jours sous nos yeux, pour établir qu'en
fait de délits de la presse, les mesures préventives ne pré-
viennent pas, les mesures répressives ne répriment pas.

Que faut-il donc opposer à l'abus de la parole ? nous répondrons : l'usage de la parole.

C'est ce que nous expliquerons dans un prochain article.

QUATRIÈME ARTICLE.

Après avoir dans nos précédens articles établi en fait la
désorganisation de la société intellectuelle ; après avoir fait
voir qu'elle était due à la licence progressive de la presse ;
après avoir montré l'action et la réaction réciproques de la
corruption des esprits sur la liberté d'écrire et de la liberté
d'écrire sur la corruption des esprits ; après avoir indiqué par
quelles fautes le pouvoir politique avait favorisé le désordre ;
comment il avait compromis lui-même sa force et son action
en se défiant du catholicisme, en le mutilant, en le mettant
en servitude sous forme de tutelle et de protection ; enfin,
après avoir établi que toutes les mesures auxquelles il a pu
recourir jusqu'ici ont été insuffisantes, inefficaces pour arrêter
le torrent dévastateur des doctrines anti-sociales ; que ces
mesures n'ont fait que lui ouvrir un lit plus large et plus
profond, nous avons avancé que le seul remède qui existe,
c'est de tirer du fourreau où on l'a tenu trop long-tems en-
fermé le glaive de la parole religieuse qui seule peut trancher
la corruption des cœurs ; d'opposer la parole de sagesse et de
vérité à la parole de folie et d'erreur.

C'est-à-dire en termes plus précis qu'il faut appeler au

secours de la société expirante le catholicisme, mais le catholicisme complet et entier.

C'est un fait démontré avec évidence par toute l'histoire qu'à mesure que la société s'est éloignée du catholicisme, elle a eu une tendance plus prononcée à s'affaiblir, à se dissoudre; qu'à mesure que la raison humaine s'est élevée contre la raison divine renfermée dans le sein de la religion catholique, les intelligences ont marché vers une anarchie toujours progressive dont notre révolution a été le dernier terme. L'alliance des principes qui la provoquèrent avec le protestantisme qui fut la première attaque contre le catholicisme, est aujourd'hui un point hors de toute contestation et de toute controverse. Les partisans comme les adversaires de la révolution le reconnaissent également, les premiers pour en remercier le protestantisme, les derniers pour l'en accuser. Or, s'il est vrai que les destinées de la société tiennent à la force du catholicisme, s'il est vrai qu'il est le seul lien qui puisse unir les peuples au pouvoir, quel doit être pour celui-ci son premier devoir et son premier intérêt, si ce n'est de rendre au catholicisme sa plénitude d'action?

Toutefois nous le faisons observer, et le pouvoir le sait, ce n'est pas à une protection très-grande que le catholicisme prétend. Il sait trop à quel prix la protection s'achète. Ce que le catholicisme implore et sollicite pour remplir sa mission, pour sauver la société, pour sauver le pouvoir, c'est la liberté.

Envoyé sur la terre pour consoler et fortifier, qu'on lui donne la liberté d'accueillir dans son sein tous ceux qui se sentent la force de partager ses nobles et pénibles travaux; qu'on lui permette de rallier sans obstacle la milice qui se dévoue au service des douleurs et des infirmités terrestres.

Envoyé sur la terre pour instruire, qu'on lui permette de faire arriver par toutes les voies légitimes, au cœur des hommes, la lumière dont il a le dépôt. Qu'on lui donne sur-tout la liberté d'enseigner la jeunesse, non pas à raison d'un privilège exclusif et spécial qui repousse d'une juste concur-rence ceux qui voudront lutter avec lui, mais au nom de cette égalité de droits qui chaque jour est invoquée comme le pre-mier besoin du siècle.

C'est tout meurtri, tout déchiré, tout mutilé que le catho-licisme se présente dans l'arène. Ses adversaires sont redou-tables de force et de puissance, et cependant ce n'est pas un secours étranger qu'il invoque; ce n'est pas d'une arme empruntée qu'il attend la victoire. Tout ce qu'il demande, c'est que les mains ne lui soient pas liées et qu'il puisse en faire usage. A ce prix il répond du succès.

Quelle objection le pouvoir politique peut-il faire à ces légitimes prétentions du catholicisme? Quelle objection peuvent surtout lui opposer ceux qui se disent les amis par excellence de la liberté?

Quant au pouvoir, enveloppé si souvent dans un commun désastre avec la religion, il doit savoir aujourd'hui que c'est par la religion seule qu'il peut exister; que c'est elle seule qui fonde sa légitimité et que s'il ne veut pas s'avouer le manda-taire et le serviteur de Dieu, il est, de toute nécessité, entraîné à se reconnaître le mandataire et le serviteur du peuple, c'est-à-dire, son esclave d'abord et sa victime en-suite. Il doit savoir par une expérience suffisamment prolongée, qu'il n'y a pas de moyen terme entre ces deux extrêmités; qu'il aura beau vouloir par des concessions ralentir l'exi-gence de ceux qui veulent ôter Dieu de la société, qu'il aura beau traîner à sa suite la religion en servitude pour ras-surer ses ennemis contre l'excès de son influence, il ne par-viendra qu'à exciter plus violemment les passions contr'elle et, par une conséquence nécessaire, contre lui-même. Il doit savoir que, quels qu'aient été les accusations, les ca-lomnies, les préjugés répandus par l'ignorance et la mauvaise foi , ce n'est jamais la religion qui a ébranlé les trônes et décapité les Rois , mais que les trônes et les Rois ont succombé sous les efforts des ennemis de la religion. Il doit savoir enfin que, quoiqu'il fasse, l'esprit humain ne peut pas être stationnaire , qu'il marche avec une rapidité entraînante vers les conséquences des opinions qui dominent la société et que dès-lors il y a imprévoyance et imprudence à laisser la domination aux opinions dangereuses et éprouvées déjà par les plus funestes résultats. Il doit savoir que les idées ont une force morale que la force matérielle ne peut pas vaincre et que c'est par des idées seules qu'elles peuvent être efficacement combattues. Il doit enfin être convaincu que puisqu'il existe pour le mal un prosélytisme d'autant plus effrayant que le pouvoir s'y oppose en vain , il est de toute justice que le pouvoir permette au moins que le prosélytisme pour le bien s'exerce en toute liberté.

Quant à ceux qui se proclament les défenseurs de la liberté, le moment est venu pour eux de prouver au monde entier qu'ils ne la craignent pas et qu'ils la veulent véritablement. Qu'ils y prennent garde : il ne s'agit plus de cette liberté qu'on peut appeler romantique et que la plume d'un écrivain exercé sait habiller de tous les costumes et de tous les préjugés : il ne s'agit plus de ces phrases sonores et brillantes dont la mission apparente est la défense des droits et dont la mission réelle est d'aller chercher et caresser dans les cœurs de ceux à qui on les adresse, toutes les faiblesses et toutes les passions : c'est un fait qui va devenir la pierre de touche de toutes ces protestations dont on assourdit chaque jour la France , en faveur de la liberté. Si les libéraux sont, comme ils le disent, les défenseurs des droits , qu'ils se réunissent aux catholiques pour demander la liberté de l'enseignement et la libre concurrence de l'éducation publique, qu'ils joignent leurs efforts à ceux des amis de la religion pour qu'une arène soit ouverte à la lutte franche et libre de toutes les doctrines , de celles bien entendu , dont la tolérance puisse être admise par cette haute surveillance qui est en même-tems , pour le gouvernement, un devoir sacré et un droit inalié- nable. Que peuvent-ils craindre ? ne disent-ils pas chaque jour , ne répètent-ils pas à satiété que leurs doctrines sont les seules vraies, les seules puissantes , les seules conformes à la dignité humaine et à la raison ? n'affirment-ils pas à chaque ins- tant que le catholicisme tombe en lambeaux , qu'il a perdu toute sa force morale sur l'esprit des peuples, qu'il est couvert de toutes les marques de la décrépitude et qu'il annonce tous les symptômes de la mort ? qu'ils soient donc généreux une fois , puisque leur générosité leur coûtera si peu , puisqu'en demandant la liberté pour le catholicisme , ils ne font que se préparer un triomphe nouveau , un triomphe complet ! qu'ils soient justes puisqu'ils veulent être libres et qu'ils admettent la religion à user de ses droits et de sa défense.

Puisse notre voix être entendue par le pouvoir ! qu'il ait foi au catholicisme et qu'il sache mesurer tout ce qui s'y trouve renfermé de ressources sociales à la fureur avec laquelle on l'attaque ! puissent les nouveaux ministres que le Roi a ap- pelés au secours de la monarchie , entrer dans une voie large et nouvelle qui , en laissant les intérêts tranquilles et ras- surés, ouvre une libre carrière aux doctrines conservatrices. Il y a assez long-tems que toutes les variétés du despotisme sont essayées sur la France : il est tems enfin que la liberté ait son tour , mais une liberté positive , réelle , égale pour tous , dont la religion ne soit pas exclue et qui ne soit pas , comme elle l'a presque toujours été jusqu'à présent , le privi- lège exclusif du libéralisme. Qu'on laisse à celui-ci ses pam- phlets et ses journaux , l'enseignement mutuel et ses chaires d'éloquence ; qu'il ait ses professeurs émérites , son portique et son lycée , mais qu'on laisse à la religion ses moyens d'in- fluence et sa liberté d'agir. Qu'on l'affranchisse même de la servi- tude brillante sous laquelle elle est opprimée depuis si long- tems et à laquelle elle préfère les catacombes , si les catacombes lui sont encore réservées dans les décrets de la Providence.

Nous ne doutons pas d'ailleurs que nous n'ayons dans les libéraux des adversaires décidés à repousser par tous les moyens la liberté que nous demandons. Depuis long-tems, ces hommes ont bu toute pudeur. Peu leur importe de se dévoiler au grand jour et de montrer aux yeux clairvoyans qu'ils suent la tyrannie par tous les pores, pourvu qu'ils trompent et entraînent cette multitude malheureuse qui a été fascinée par eux. Que leur parlez-vous de liberté ? c'est de la puissance, c'est de l'or, c'est de la domination qu'ils veulent. Déjà un de leurs principaux organes qui veut effacer la tache de son ancien royalisme par le cynisme de sa nouvelle démagogie, vient accuser les catholiques de ne demander la liberté que pour faire triompher l'autorité (1) Nous sommes loin de repousser cette accusation : Oui, c'est ainsi que nous l'entendons ; oui, c'est à l'ombre de l'autorité, principe de toute société, que nous voulons voir fleurir une liberté vigoureuse : et nous le voulons parce que l'une est la garantie de l'autre, que sans autorité, il ne peut y avoir de liberté vraie et que sans la liberté le pouvoir tend au despotisme. Ce n'est donc pas ce que vous voulez, vous qui nous

______

(1) Le *Journal des Débats* du 1.er septembre dernier, en parlant des divers projets qu'il prête au ministère dit, avec ce ton d'ironie qui n'appartient qu'à une aussi haute capacité : « M. de Montbel, chef de l'Université, lit » une éloquente apologie des jésuites et demande pour eux la liberté de l'édu- » cation, le monopole viendra plus tard. La liberté n'est qu'un chemin à » l'autorité comme disent les habiles. » Les habiles ! C'est bien honnête de la part du *Journal des Débats*., mais il devrait savoir que les royalistes ne se piquent pas d'être habiles, mais d'avoir du bon sens et de la conscience. Nous laissons l'habileté au *Journal des Débats* qui trouve moyen de se faire passer pour un petit Cincinnatus ou un petit Coriolan en se proclamant le défenseur de ce monopole universitaire qui pèse de toute sa nature despotique, de toute son origine impériale sur la liberté la plus sacrée, celle qu'ont les pères de famille de diriger leurs enfans par l'éducation.

accusez : c'est la liberté sans l'autorité que vous demandez. Nous comprenons : C'est la licence , la révolte , l'anarchie dont vous êtes les défenseurs et les promoteurs. Que cet aveu puisse être entendu par tous les hommes consciencieux qu'ont pu égarer vos sophismes : puissent-ils reconnaître enfin quels sont ces tribuns qui se disent royalistes en insultant le Roi, et libéraux en foulant aux pieds la liberté.

LE FRANC PARLEUR DU NORD.

QUELQUES

OBSERVATIONS

SUR LES ARTICLES :

DE L'ETAT ACTUEL DES CHOSES,

QUI ONT PARU

DANS LE JOURNAL DU NORD.

(Extrait du même Journal.)

PREMIER ARTICLE.

DU 16 SEPTEMBRE 1829.

Ceux de nos lecteurs qui, comme nous, ont lu atten-
tivement les quatre articles intitulés : *De l'état actuel des
choses* dans les numéros de ce Journal des 9, 10, 11 et 12
septembre, auront reconnu entr'autres que l'auteur a observé
avec beaucoup de sagacité la principale cause qui a préparé
de loin les révolutions modernes et en dernière analyse la
révolution française ; qu'il a suivi en observateur philosophe
l'action progressive et funeste de la presse ; qu'il a peint de
main de maître l'état dégradant où ce levier formidable était
tombé sous l'empire, la direction fausse, perverse et anti-
sociale imprimée à l'éducation publique sous le despotisme de
Buonaparte ; qu'il a tracé un tableau rigoureusement vrai des
sentimens et des dispositions qui animaient et les Bourbons et

4

le peuple à la restauration ; qu'il a parfaitement saisi les causes des illusions et des mécomptes qui eurent lieu de part et d'autre ; enfin qu'il a caractérisé avec un talent supérieur les erremens et les fautes des différens ministères qui se sont succédés depuis.

Pour nous, nous l'avouons avec toute vérité, nous avons admiré dans son travail une touche vigoureuse, une rare profondeur et un admirable enchaînement des idées, une logique juste et incisive, en un mot la véritable philosophie de l'histoire. Il était difficile, dans un cadre aussi étroit, d'assigner d'une manière plus vraie et plus exacte, l'illusion première et génératrice par laquelle le pouvoir politique a compromis presque partout depuis quatre à cinq siècles et sa propre sûreté et le repos et l'avenir du peuple ; de signaler avec plus de perspicacité la funeste influence que la presse a exercée dès son origine sur l'opinion publique ; de dénoncer plus énergiquement les folies, les turpitudes et les crimes dont elle continue à se rendre coupable ; de faire ressortir avec plus de force et de vérité l'insuffisance, l'inefficacité et même le danger des mesures répressives qu'on a déployées jusqu'ici contre sa licence et ses erreurs ; de mieux faire comprendre au pouvoir politique que son salut ne se trouve que dans l'application franche et complète des principes catholiques ; enfin de tracer avec plus de concision et des couleurs plus vraies et plus saillantes l'impudeur révoltante, le caractère odieux, les basses convoitises et les inconséquences absurdes du libéralisme.

Cependant nous regrettons, tout en rendant une entière justice au talent de l'auteur, tout en applaudissant à ses principes et à la pureté de ses intentions, et tout en admirant l'habileté avec laquelle il a déroulé devant nos yeux une série de faits et de raisonnemens les uns plus intéressans et plus instructifs que les autres, de ne pas pouvoir donner une pleine adhésion à toutes les conséquences qu'il en a déduites.

Nous comprenons très-bien qu'il n'est pas partisan de la liberté illimitée de la presse, car il ne lui a pas épargné les flétrissures et les anathèmes qu'elle mérite. Nous reconnaissons volontiers qu'il n'a été amené à faire des concessions au libéralisme que par la conviction où il est que le mal a jeté des racines trop profondes pour pouvoir être attaqué et extirpé dans sa source. Nous ne faisons pas difficulté d'avouer qu'il est très-difficile de sortir sain et sauf du labyrinthe où nous ont précipités les erreurs qui se sont accumulées et amassées dans le corps social depuis des siècles, qui se sont développées d'une manière si effrayante dans les derniers tems, et qui menacent de produire leurs dernières conséquences : l'anarchie et la dissolution de la société. Nous convenons que le catholicisme, dégagé de toutes les entraves dont des gouvernans et des magistrats timides, soupçonneux, imprudens ou perfides l'ont trop long-tems enveloppé, ne craint pas de se mesurer avec toutes les aberrations de l'esprit humain. Nous savons que ce catholicisme que notre estimable auteur désire voir seul opposer aux ravages de la presse a une vigueur et une énergie contre lesquelles viennent se briser, à la longue, toutes les subtilités des sophistes, toute l'astuce des libéraux, toute la noirceur du mensonge et de la calomnie ; bref, qu'il déconcerte tous les subterfuges de l'erreur, bien entendu lorsqu'il peut leur livrer une guerre ouverte et égale, lorsqu'il peut les poursuivre dans tous leurs retranchemens et faire entendre sa voix imposante à quiconque est exposé à leurs funestes influences.

Mais nous ne pensons pas qu'on puisse impunément tolérer dans la société un principe qui est de sa nature dissolutif des liens sociaux et subversif de tout ordre. Nous n'estimons pas que dans l'état actuel de la société, et eu égard à la disposition où se trouvent les esprits, le catholicisme puisse remplir seul la mission que l'auteur lui assigne. Enfin nous ne voyons pas l'impossibilité absolue d'opposer une barrière à la licence de la presse.

C'est au développement de ces trois propositions que nous restreindrons notre examen. Elles feront le sujet d'autant d'articles qui suivront incessamment.

DEUXIÈME ARTICLE.

DU 17 SEPTEMBRE.

Que la liberté de la presse , du moins telle qu'on l'entend aujourd'hui , est de sa nature *dissolutive* de tous les liens sociaux, et subversive de tout ordre , c'est ce qu'il est presque superflu de démontrer. Cette vérité saute aux yeux , et une malheureuse expérience l'a mise hors de tout doute. La société considérée sous un point de vue philosophique et moral ne vit que de vérité ; elle ne subsiste que par l'application constante des principes qui découlent de sa source. La vérité de son côté est essentiellement amie de l'ordre , elle ne se complait que dans l'ordre , et elle ne rejaillit et ne communique bien ses lumières vives et brillantes que là où règne l'ordre. Or , est-il une confusion semblable à celle que produit la liberté de la presse ? Introdüisez cette liberté dans un Etat , qui a joui jusques-là d'un calme profond , où tous les intérêts étaient respectés , où la religion était en vénération et l'autorité en honneur, aussitôt les passions s'ébranlent et s'entrechoquent; mille sophistes surgissent du milieu de ce peuple religieux , probe , fidèle et dévoué au pouvoir ; ils manifestent sous toutes les formes les erreurs que la corruption avait engendrées dans leur propre cœur , ou dont leurs relations avec des peuples infectés de fausses doctrines leur avaient communiqué la contagion ; leur langage n'excite d'abord que l'indignation de la partie pure et saine de la nation : mais bientôt les notions les plus simples et les plus évidentes sont enveloppées de nuages plus ou moins épais ; mille opinions contraires et contradictoires se croisent et obscurcissent peu-à-peu le bon sens public ; la manie de raisonner gagne insensiblement toutes les classes. La somme des erreurs, les unes plus absurdes et plus pernicieuses que les autres, s'accroît et s'accrédite : tout devient vérité, excepté la vérité elle-même. Des rivalités s'établissent, des partis se forment et s'entre - déchirent ; l'amour - propre, l'égoïsme, l'envie, enfans impurs de l'orgueil, viennent encore ajouter à tous ces élémens de désordres et de confusion ; et la vérité, cette fille du ciel, pour punir la présomption de ces hommes aveuglés qui ne sauraient marcher d'un pas sûr qu'à la faveur de ses lumières, se voile et se retire successivement d'eux.

Ce ne sont pas là des suppositions gratuites, ce sont des faits avérés et mis hors de toute controverse pour quiconque a réfléchi sur la nature humaine et médité les leçons de l'histoire. Orgueil et ignorance de l'esprit, concupiscence du cœur, voilà les dispositions habituelles de l'homme. En tant qu'il est dominé par l'orgueil, il abhorre tout joug, toute autorité, en ce sens qu'il ne saurait les souffrir, lorsqu'ils lui sont imposés, mais il en est idolâtre lorsqu'il peut en accabler les autres. A ses yeux lui seul a du mérite, lui seul est fait pour commander, lui seul connaît la vérité. Aussi dans l'extase où le jette l'admiration de son *moi*, il ne rêve qu'honneurs et domination. En tant qu'il est enveloppé des ténèbres de l'ignorance, il ne voit pas le ridicule de ses prétentions, l'extravagance de ses opinions, il ne discerne pas ce qui est vrai d'avec ce qui n'en a que l'apparence. En tant qu'il est esclave de la concupiscence il voudrait applanir, écarter, briser tous les obstacles qui l'empêchent de l'assouvir à son gré. Ce n'est pas tout : si tous les hommes entraînés par leur pente naturelle au vice sacrifient plus ou moins à ces idôles, l'orgueil, la présomption et la vanité sont surtout le partage de la médiocrité, du demi-savoir. Or, les esprits médiocres, les demi-savans forment partout la majorité, même dans les classes où l'on prétend le plus aux talens et au savoir. Ce sont cependant eux qui font le plus de bruit, qui crient le plus haut, et qui agissent avec le plus de succès sur les masses. Il est, en un mot, beaucoup d'écrivassiers , encore plus de raisonneurs , mais il est peu de personnes , qui soient capables de suivre un principe dans toutes ses conséquences , de dévoiler un sophisme , de démêler la vérité au milieu des nuages , dont l'erreur sait si bien l'environner.

Or , quelle autre conséquence peut-on tirer de toutes ces réflexions , si ce n'est que la liberté de la presse doit , par sa nature même , entraîner tôt ou tard , la dissolution des liens sociaux , la subversion de tout ordre ?

Mais les théories ne persuadent pas tout le monde , il faut des faits à leur appui pour porter la conviction dans les esprits. Cherchons donc un exemple frappant dans l'histoire moderne , qui vienne corroborer nos réflexions. Nous le trouverons si nous jetons les yeux sur l'Espagne et le Portugal. Mais pour simplifier nos réflexions , bornons-nous au premier de ces pays qui , de tous les Etats européens , était resté le plus fidèle au principe catholique. Les religieux Souverains de cette antique monarchie secondèrent dès l'invention de l'imprimerie , l'action répressive que l'Eglise avait toujours exercée , en vertu de son droit divin , sur toutes les erreurs émises au-dehors , soit par la parole , soit par le moyen de l'écriture , soit par celui de la presse. Ils la secondèrent surtout du moment où les hérésies du 16.ᵉ siècle , dont la presse avait si puissamment favorisé le développement , vinrent mettre en feu presque tous les Etats de l'Europe. L'inquisition , dont on trouve déjà les premiers vestiges sous les Empereurs Théodose et Justinien , qui se développa davantage depuis la fin du 8.ᵉ siècle en Occident , et surtout dans le 13.ᵉ contre les erreurs des Albigeois , avait été introduite dès 1478 d'une manière uniforme , sous la sanction du chef de l'Eglise , dans tous les pays composant la monarchie espagnole. Philippe II, qui a été tant calomnié par les hérétiques et les philosophes , parce qu'il a été un des plus grands et des plus zélés Monarques que la chrétienté ait possédés , tint une main ferme

à l'observance des lois de l'Eglise, lorsque les sectes engendrées par le luthérianisme et le calvinisme voulurent à leur
tour faire invasion dans sa belle et puissante monarchie.
L'inquisition fut maintenue dans toute sa vigueur, et le châ-
timent exemplaire d'une quarantaine d'hérétiques et de brouil-
lons suffit, d'après l'aveu d'un philosophe du 18.ᵉ siècle,
pour consolider en Espagne, pendant trois siècles, la paix
et la tranquillité, tandis que l'Angleterre, la France et l'Allemagne étaient déchirées par les guerres civiles et religieuses
et conduites plus d'une fois à deux doigts de leur perte.

Eh bien! qu'a-t-il fallu pour faire décheoir l'Espagne de
cette constante tranquillité et de cette longue prospérité dont
elle avait joui sous l'égide de lois sages et vigoureuses contre
la manifestation des erreurs, et pour relâcher cette fidélité
qui la caractérisait si bien? Quelques années de liberté de la
presse. Mais tâchons de mettre cette vérité en saillie, qui n'a
peut-être pas été assez remarquée.

Le ministère philosophe d'un d'Aranda, sous lequel les jésuites furent expulsés de l'Espagne, l'administration faible et
corrompue d'un prince de la Paix, avaient favorisé l'introduction en Espagne des doctrines perverses des philosophistes
français et anglais : mais elles ne fermentaient encore que
dans les têtes de quelques grands et de quelques hommes
lettrés. La masse de la nation espagnole, et surtout les habi-
tans de la campagne, étaient restés exempts de la contagion.
Voilà l'état où se trouvait l'Espagne, lorsque Buonaparte
jeta ses vieilles bandes sur ce pays pour en usurper le trône.
Personne n'a oublié l'héroïsme et la constance avec lesquels
ce peuple religieux s'opposa aux phalanges formidables de
l'empire, et l'histoire rappellera toujours avec admiration
qu'après une lutte acharnée de six ans, cette généreuse nation
sortit victorieuse d'une des épreuves les plus terribles que les
Etats modernes aient eues à soutenir.

Mais tandis que ce peuple combattait avec tant de courage

pour son Dieu et pour son Roi, on lui fit le funeste cadeau de la liberté de la presse, ou du moins elle s'introduisit à la faveur de l'anarchie. Et quoique la pudeur publique lui posât encore des bornes, qu'elle a depuis long-tems franchies en France, quoique Ferdinand VII la proscrivît dès son retour au milieu de sa nation fidèle, elle lui avait déjà porté des atteintes assez funestes, pour que six ans plus tard elle osât lever ses armes contre ce trône qu'elle avait si vaillamment défendu, profaner ces mêmes temples pour la défense desquels elle avait versé tant de sang. De bonne foi, n'est-ce pas un phénomène digne de toutes les méditations des hommes d'Etat que le spectacle d'un peuple qui n'a pu être subjugué par toutes les forces matérielles d'un puissant empire, et qui fléchit si tôt sous l'action d'une force morale, la licence de la presse?

Nous savons bien qu'on peut nous objecter ici que ce n'est pas la nation espagnole, mais l'armée qui a opéré la révolution de 1820. Nous convenons volontiers que c'est l'armée qui a donné la première impulsion ; mais nous demanderons si cette armée si faible aurait pu effectuer ce dont les armées nombreuses et aguerries de Buonaparte n'avaient pu venir à bout, si une subite révolution ne s'était opérée dans l'esprit de la nation espagnole ? L'inaction coupable où restèrent la plûpart des provinces tandis que leurs intérêts les plus chers étaient compromis et foulés aux pieds, prouve avec la dernière évidence que cette nation avait été atteinte, même dans sa partie la plus saine, d'un grand mal moral. Or ce mal moral, la licence momentanée de la presse l'avait produit.

Mais ce qui tranche toute difficulté, ce qui pulvérise toute objection, ce sont les ravages que la liberté entière de la presse, du moins au profit du mal, a faits en Espagne pendant les trois années du règne des Cortès. La révolte de la Catalogne en 1827 n'était pas le fait de l'armée, car l'armée l'a comprimée ; c'était le fait, du moins en grande partie, de ceux qui avaient combattu Buonaparte et les Cortès. Il en est de même des révoltes partielles qui ont éclaté depuis et qui menacent encore ce pays, où la fidélité semblait être indigène. C'est donc la liberté de la presse, qui n'a fait qu'apparaître deux fois, dans l'intervalle de douze à quinze ans, en Espagne, qui a jeté au milieu de cette nation les brandons de la discorde, la soif des nouveautés, l'esprit de contention et de révolte.

Or, si une licence momentanée de la presse a pu entraîner des conséquences aussi funestes chez un peuple vierge de révolte, que doit-il donc advenir à un pays où cette licence ne connaît plus de bornes? Nécessairement la dissolution de la société. Il est donc de toute nécessité d'opposer une barrière à cette licence. Nous dirons à l'occasion de notre troisième proposition, quels moyens il reste, selon nous, à cet égard au pouvoir, après que nous aurons examiné, dans l'article suivant, quelles ressources on peut attendre sous ce rapport de la religion catholique.

TROISIÈME ARTICLE.

DU 19 SEPTEMBRE.

Nous avons suffisamment fait entendre dans notre premier article que nous adhérons pleinement aux principes du *Franc Parleur du Nord* : nous avons explicitement déclaré qu'il était difficile de mieux faire comprendre qu'il ne l'avait fait, au pouvoir politique, que son salut ne se trouve que dans l'application franche et complète des principes catholiques : nous avons formellement reconnu que le catholicisme possède tout ce qu'il faut pour confondre tous les sophismes, toutes les aberrations de l'esprit humain, toutes les erreurs : mais nous avons ajouté que nous ne pouvions donner une pleine adhésion à toutes les conséquences qu'il en a déduites, c'est-à-dire au moyen qu'il propose pour remédier au mal moral qui travaille et ronge la société. Dans notre second article nous avons fait valoir les raisons qui nous font regarder la liberté de la presse comme un principe destructeur, qui doit amener nécessairement la dissolution de la société, et nous en avons tiré la conséquence qu'aucun gouvernement ne peut impunément tolérer un tel principe. Le *Franc Parleur du Nord* a reconnu et démontré avant nous l'action funeste de cette liberté; et il ne l'a admise que comme un mal nécessaire contre lequel il ne voit plus de remède efficace, si ce n'est l'autorité de la parole de vérité; c'est-à-dire les doctrines catholiques. Cette barrière nous a paru insuffisante, et nous avons avancé cette proposition : *Nous n'estimons pas que dans l'état actuel des choses, et eu égard aux dispositions où se trouvent les esprits, le catholicisme puisse seul remplir la mission que l'auteur lui assigne.* C'est la démonstration de cette proposition qui doit faire le sujet de cet article.

Mais avant d'entrer en matière nous déclarons expressément que, selon nous, l'autorité politique ferait déjà un grand pas vers la régénération sociale, si elle entrait sans restriction et de bonne foi dans les vues de l'auteur; si, au lieu de tenir la religion catholique en tutelle et de nourrir contre elle des sentimens de défiance, elle lui laissait prendre tout son essor, développer en toute liberté les ressources immenses qu'elle possède; si au lieu de s'attribuer le monopole de l'instruction publique, elle lui accordait une sage liberté, et qu'elle favorisât surtout l'influence de l'Eglise sur cette instruction. Nous avouons même qu'un tel ordre de choses serait préférable à un système préventif, que nous croyons nécessaire, et dont nous parlerons dans notre quatrième article, si ce système ne devait être exercé que dans l'esprit des anciens préjugés du gouvernement, et combiné avec le monopole de l'instruction publique, dont l'action de l'Eglise et des congrégations religieuses serait plus ou moins écartée. Dans ce cas nous nous rangerions entièrement de l'avis du *Franc Parleur du Nord,* d'après cet adage que : *de deux maux il faut éviter le pire.* Car , quoique nous ne pensions pas que le moyen qu'il a proposé puisse empêcher une nouvelle révolution , ou plutôt le dernier terme de la révolution commencée depuis long-tems , nous reconnaissons du moins que ce moyen procurerait de puissantes ressources à la nouvelle restauration , et certes ce n'est pas là un avantage à dédaigner. Nous avons cru ces explications nécessaires pour faire comprendre qu'à proprement parler , il n'existe pas de divergence d'opinion entre le *Franc Parleur du Nord* et nous , qui marchons sous le même drapeau que lui , et que nous ne différons d'avis que sur les moyens d'arrêter les maux de la société et d'y remédier efficacement. Maintenant nous allons aborder la question que nous avons à traiter ici.

Oui , la doctrine catholique possède une force irrésistible. Elle a changé la face du monde ; elle a tiré les peuples auxquels elle a pu faire entendre sa voix , de la fange de la dernière dépravation ; elle les a arrachés aux folies et aux turpitudes de l'idolâtrie. Partout où elle s'est montrée , et où elle a été accueillie , elle a dissipé les ténèbres de l'ignorance , et les férocités de la barbarie ; elle a banni l'esclavage , adouci et épuré les mœurs. Elle a fatigué le bras de ses bourreaux , bravé l'appareil des supplices les plus affreux , étonné l'aréopage, confondu les Celse et les Porphir, triomphé des astuces des Juliens, foudroyé ou du moins confondu toutes les hérésies. Depuis dix-huit siècles elle soutient une lutte non interrompue contre l'orgueil de l'esprit et la corruption du cœur : elle a pu être humiliée , calomniée , opprimée , jamais vaincue. Elle a vu des empires s'écrouler et de nouveaux empires s'élever de leurs ruines , sans que ces révolutions aient porté atteinte à son intégrité. Toutes les sectes qui ont surgi de son sein , elle les a vu disparaître ou marcher à grands pas vers l'indifférence, le scepticisme et l'athéisme , où elles aboutissent toutes en définitive. Tout a changé autour d'elle : elle seule est restée intacte. Elle seule n'a pas varié dans ses enseignemens , ni dans sa morale. Elle croit et enseigne aujourd'hui ce qu'elle croyait et enseignait, il y a dix-huit siècles. Ces merveilles qu'elle a opérées, ces victoires qu'elle a remportées, cette perpétuité de sa durée, qui n'a été le partage d'aucune institution humaine, cette uniformité de ses principes montreraient seules son origine divine, et suffiraient pour lui attirer l'hommage et pour lui concilier le respect et la soumission de tous les hommes, si les passions ne se révoltaient pas de la pureté et de la sévérité de sa morale, des sacrifices qu'elle exige de quiconque veut marcher franchement sous ses bannières. Voilà ce que nous proclamons dans la joie de notre cœur. Nous ne désespérons donc pas de la force créatrice et conservatrice du catholilicisme.

Mais nous n'en persistons pas moins à croire qu'avec la liberté ou plutôt la licence de la presse, la doctrine catholique ne pourra pas opposer une barrière efficace au torrent des mauvaises doctrines, et empêcher que la société ne tombe en dissolution. Il nous semble qu'il faut faire une grande différence entre la lutte qu'elle eut à soutenir dès son apparition dans le monde et long-tems après, et celle où elle est engagée aujourd'hui. Alors elle n'eut à combattre, du moins de la part de ceux sur lesquels elle a fait le plus de conquètes, que les préjugés du paganisme, qui ne supportaient pas même le plus léger examen de la raison ; que la corruption du cœur, lequel n'a besoin que d'être fortement remué pour s'ouvrir aux influences de la vérité. Aujourd'hui elle est à-la-fois aux prises avec la dépravation du siècle et avec la superbe de la raison. Or, celle-ci n'abaisse que par exception son front altier devant le flambeau de la vérité. C'est la prévarication des anges rebelles, c'est le crime auquel le Seigneur résiste, et auquel il refuse communément les lumières de sa grâce, sans lesquelles la vérité ne trouve entrée nulle part. Aussi voyons-nous par l'histoire que si la doctrine catholique subjugua et captiva les hommages du gentilisme, elle échoua généralement contre l'orgueil et l'hypocrisie des Pharisiens.

Elle a régénéré, même dans les tems modernes, plus d'une nation plongée dans la plus profonde ignorance et dans la dégradation la plus abjecte ; et à peine découvrons-nous deux à trois peuples, ou plutôt portions de peuples qu'elle a fait revenir en masse des erreurs de l'hérésie, dont la superbe est la principale cause, le mobile le plus actif. (1) Or, est-il une hérésie comparable, pour l'orgueil, pour la présomption et pour l'endurcissement, au libéralisme ? N'est-ce pas la quintescence de toutes les erreurs, en d'autres termes : l'hérésie des hérésies ? Il y a plus : dans tous les siècles qui ont précédé la réforme et l'invention de l'imprimerie, la foi dominait tous les esprits, pénétrait tous les cœurs : on ne savait pas alors ce que c'était que l'indifférence sur ce qui intéresse le plus l'homme, le sort qui l'attend dans une autre vie. Alors tous les peuples prenaient la religion pour base de toutes les institutions sociales, tandis qu'au-

------

(1) On saisirait ici mal notre pensée si l'on concluait de nos paroles que nous voulons insinuer que la doctrine catholique ne peut rien contre l'hérésie, ou qu'elle est absolument impuissante contre l'orgueil ; le contraire résulterait de ce que nous avons avancé plus haut. Mais nous avons seulement voulu constater l'extrême difficulté qu'il y a à ramener à la vérité ceux dont les erreurs et la corruption prennent leur source dans la superbe. Nous avons surtout voulu faire ressortir combien cette difficulté s'accroît avec la liberté de la presse, c'est-à-dire au milieu de la confusion des opinions. Au surplus nous sommes bien loin de prétendre que le libéralisme ne doive jamais fléchir devant la vérité catholique : quand une nation a parcouru le cercle des erreurs, et qu'elle est parvenue à leur dernier terme, il faut de deux choses l'une : ou qu'elle périsse, ou qu'elle se replie sur elle-même et qu'elle revienne à la vérité : car un peuple de sceptiques et d'athées ne saurait subsister en société. Nous dirons plus : le mouvement des esprits qui se fait remarquer en Allemagne et en Angleterre autorise à espérer que ces deux pays se rapprocheront, dans un tems peut-être peu éloigné, de la vérité catholique. Mais nous ne pensons pas que cette régénération intellectuelle puisse s'opérer sans de grandes catastrophes politiques. De même nous ne désespérons pas de la régénération de la France par le principe catholique : nous entendons seulement qu'avec la liberté de la presse, il ne saurait prévenir la révolution que le libéralisme médite.

jourd'hui on veut les asseoir sur les rêveries de quelques enthousiastes en délire. Alors les traditions du genre humain étaient moins noyées dans un déluge d'opinions contradictoires; les questions étaient plus simplifiées , les demi-savans , les esprits superficiels qui sont et seront toujours la peste de la société lorsque l'orgueil et la suffisance les dominent , étaient en plus petit nombre , puisque les moyens d'instruction étaient plus rares et plus dispendieux. Les faits n'avaient pas été dénaturés , l'histoire n'avait pas été falsifiée avec tant d'impudence que de nos jours. La vérité pouvait donc mieux percer les nuages dont on aurait voulu l'envelopper, et étendre plus efficacement sa salutaire influence. La discussion des questions vitales de la religion et de la société n'était agitée généralement qu'entre les véritables savans : les peuples reconnaissaient leur impuissance de s'y immiscer , et se laissaient guider par ceux qui leur étaient préposés. Voit-on rien de semblable aujourd'hui ? Nous ne voyons donc pas comment la seule autorité de la parole, au milieu des cris assourdissans du libéralisme, pourrait arrêter le mouvement impétueux qui pousse les sociétés modernes vers leur dissolution.

DU 20 SEPTEMBRE.

Nous avons dit : nous n'estimons pas que le catholicisme seul puisse remplir la mission que lui assigne le *Franc Parleur du Nord*, *dans l'état actuel des choses et eu égard aux dispositions où se trouvent les esprits.* C'est ici le lieu de démontrer cette dernière partie de notre proposition.

Pour que la doctrine catholique pût , par sa seule autorité et sa seule influence, arrêter les ravages des erreurs, des mensonges et des calomnies, dont la presse inonde chaque jour la France , faire rentrer les hommes dans les limites de leurs devoirs et prévenir ainsi la révolution que le libéralisme nous prépare , il faudrait qu'elle pût appeler à son tribunal toutes les opinions erronées , toutes les assertions mensongères et calomnieuses , les confondre , les dévoiler et les flétrir *au vu et au su* de toute la France ; il faudrait, en un mot, qu'elle pût faire entendre efficacement sa voix à toutes les victimes des infâmies de la presse. Or, voilà ce qu'elle ne peut pas dans l'état actuel des choses, et en égard aux dispositions où se trouvent les esprits. — Elèvera-t-elle sa voix dans la chaire de la vérité? Mais les lecteurs habitués des *Débats*, du *Constitutionnel*, du *Courrier*, du *Globe*, du *Journal du Commerce*, de l'*Echo du Nord*, et de tant d'autres feuilles incendiaires et méprisables, ne se présentent pas dans la maison du Seigneur, ou, s'ils y sont attirés quelquefois par la curiosité, c'est pour y étaler leur irrévérence, leur immodestie, leur morgue libérale, leur dédain et leur mépris pour la religion et ses ministres. Les disciples de Voltaire, de J.-J. Rousseau, les partisans des Dupuis, des Volney, les adeptes des loges maçonniques, les historiens de M. Guizot, les philosophes de M. Cousin, les élèves en médecine de M. Broussais, les admirateurs de Benjamin Constant, les gardes-du-corps du mannequin La Fayette, viennent rarement grossir l'auditoire de nos orateurs chrétiens. On y voit peu affluer aussi ceux qui auraient le plus besoin d'être prémunis contre les atteintes des fausses doctrines : les hommes d'un savoir tout superficiel, les commis-voyageurs, les élèves du mutualisme, les politiques des cabarets, le petit commerce, les artisans, le bas peuple, dont, dans beaucoup d'endroits, surtout dans les villes, l'ignorance, en matière de religion, surpasse tout ce que l'on peut imaginer, et qui cependant, grâces au *Constitutionnel* (et dans le département du Nord, grâces à l'*Echo*), prennent avec tant d'arrogance sur eux de régenter les princes et les ministres de l'Eglise. Parcourez les communes, les hameaux qui environnent les grandes villes, et dites-nous si les campagnards, ces hommes jadis si religieux, ne sont pas plus avides d'écouter le politique du village, que d'entendre les sermons de leur curé? — Dévoilera-t-elle dans des ouvrages lumineux, forts de raisons et de preuves, tout ce qu'il y a de bizarre, d'incohérent, d'insensé, de faux et de pervers dans toutes les doctrines éphémères , qui se sont succédé avec une si étonnante rapidité , surtout depuis soixante à quatre-vingts ans , et qu'on a si ironiquement nommées philosophiques ? Montrera-t-elle tout ce que le libéralisme renferme d'abjection , d'infâmie , d'impudence , combien il est gros d'orages et de tempêtes , ce libéralisme qui a produit un si déplorable engouement , une si étonnante fascination et un si inexplicable aveuglement des esprits ? Hé , bon Dieu , ne l'a-t-elle pas fait ? Est-il un seul principe pervers dans les philosophistes du 18.ᵉ siècle , qu'elle n'ait signalé et foudroyé ? Une seule objection qu'elle n'ait réfutée ? Un seul sophisme qu'elle n'ait dévoilé ? Une seule omission qu'elle n'ait rétablie ? Un seul fait dénaturé qu'elle n'ait rectifié ? Ne continue-t-elle pas tous les jours à opposer la vérité à l'erreur et au mensonge, la vraie philosophie à la fausse philosophie ? Ne crie-t-elle pas tous les jours au peuple qu'il marche sur un volcan , qu'on le pousse vers un précipice ? A quoi tout cela a-t-il abouti , et aboutit-il encore ? Tout au plus à préserver de la contagion générale , ceux qui sont assez sensés et assez heureux pour aller s'abreuver et se fortifier dans ces sources pures. La masse ne les lit pas, ne les recherche pas , elle les repousse. C'est du jésuitisme. Le *Constitutionnel* et l'*Echo du Nord* , ou tout autre organe de la faction l'a dit. En faut-il davantage pour faire frémir de rage et de fureur , au seul nom de ces sortes d'écrits , les vrais enfans du libéralisme , pour en détourner et pour en dégoûter la foule des niais et des mystifiés ? Aussi voyez comme ceux-ci se laissent bercer , endormir et emporter par les factieux. Le réveil viendra , n'en doutons pas. Fasse le Ciel qu'il n'ait pas lieu au milieu du sang , du carnage et des cris du désespoir !

Opposera-t-elle aux influences destructrices et dissolvantes, au dévergondage des feuilles périodiques libérales les influences salutaires et l'autorité des feuilles religieuses et monarchiques ? Hélas ! leur nombre est bien minime en comparaison de celui des journaux tricolores. Il est difficile, presque impossible d'en neutraliser tout le mal. Les passions ont un langage et des ressources que la vérité ne saurait employer. Les hommes sans pudeur salissent le papier de toutes les extravagances qui leur passent par la tête : mensonges, calomnies, altération des faits, suppositions gratuites, fausses citations, allusions malignes, injures, sarcasmes, scandales, sophismes, paradoxes, tout leur est bon, pourvu que cela puisse produire de l'effet, tromper et enflammer la multitude. Comment d'ailleurs réfuter complètement des articles dont chaque phrase, chaque ligne, contiennent ou un outrage, ou une erreur, ou une fausseté ? Un sot peut faire plus de questions dans un jour, dit un certain proverbe, qu'un homme d'esprit ne saurait en résoudre dans une année. Que sera-ce donc lorsque des écrivains ou spirituels, ou sophistiques, ou pervers ou impudens, dont l'enfer inspire et féconde l'imagination, accumulent dans leurs colonnes ce qu'il y a de plus spécieux, de plus astucieux et de plus entraînant dans l'art de la parole ? Que sera-ce lorsque les apôtres de l'erreur présentent une phalange si nombreuse et si active, et que les rangs des défenseurs des saines doctrines sont si peu serrés, du moins proportion gardée ?

Mais ce n'est pas là le seul obstacle au triomphe de la vérité catholique : les mêmes préventions, les mêmes haines qui s'attachent aux ouvrages écrits pour la défense des vérités religieuses et des principes monarchiques contre lesquels conspirent d'une manière si effrayante l'ignorance, la mauvaise foi et les desseins les plus criminels, ces mêmes haines, ces mêmes préventions s'attachent aussi aux journaux consacrés à la défense des saines doctrines religieuses et politiques. Outre la *Gazette de France* que l'on trouve encore çà et là dans les lieux de réunions publiques (1), mais que l'on re-

---

(1) Nous n'avons pas besoin de faire remarquer qu'ici nous n'avons en vue que les lieux fréquentés de préférence par les libéraux. Nous savons bien que les bons journaux sont lus dans les cercles et les familles royalistes. Mais comme ceux-ci forment la minorité, l'obstacle subsiste dans toute sa gravité.

cherche plutôt pour ses nouvelles anticipées , que pour sa vigoureuse polémique, on y demanderait vainement les autres feuilles royalistes, telles que la *Quotidienne* dont nous ne partageons certainement pas toutes les répugnances , mais aux doctrines de laquelle nous nous associons hautement ; le *Drapeau blanc* si chaleureux dans son royalisme , si vif et si prononcé dans la guerre contre les jacobins et les buonapartistes , si piquant , si spirituel et si mordant dans ses plaisanteries. Nous ne parlons pas des écrits non quotidiens , dont le nom serait à peine connu à la foule des lecteurs vulgaires des journaux, si les feuilles tricolores ne leur lançaient de fois à autre quelques brocards. Au contraire vous trouvez partout les journaux de la faction ; il est même peu de cabarets , surtout dans les villes , où l'on ne voie ou le *Constitutionnel*, ou le journal révolutionnaire du département : on se les arrache, on les dévore. Comment donc serait-il possible que la parole de la vérité catholique agît efficacement, par le moyen des publications quotidiennes, sur les masses ; qu'en présence de la liberté de la presse , elle neutralisât les effets pernicieux des déclamations furibondes, des cris frénétiques et des principes pervers mis au jour par le journalisme révolutionnaire ; qu'elle arrêtât les ravages que la licence exerce chaque jour, et qu'elle ramenât, au milieu d'un tel désordre, la nation à son ancien attachement pour la religion , à l'amour pour l'autorité légitime et au respect pour la morale publique ?

Ce serait ici le lieu d'examiner quelles ressources le catholicisme peut déployer contre la licence de la presse par le moyen de l'instruction publique ? mais comme les considérations qui s'y rattachent entrent dans nos vues sur les moyens à opposer au mouvement révolutionnaire , combinés avec un système préventif, sagement conçu et vigoureusement exécuté , qui , laissant un champ raisonnablement libre aux discussions sur les principes constitutifs et conservateurs de la société , en écarte la mauvaise foi et la licence , nous les réservons pour notre quatrième article.

QUATRIÈME ARTICLE.

DU 22 SEPTEMBRE.

« Nous ne voyons pas l'impossibilité absolue d'opposer une
barrière à la licence de la presse ». : telle est la troisième et
dernière proposition que nous avons annoncée et que nous
avons promis de traiter. L'énoncé de cette proposition avertit
assez clairement que nous ne laissons pas de reconn: le ici
de grandes difficultés. Cependant, tout en ne nous le dissimulant pas, nous ne les croyons pas insurmontables, et nous
les aborderons avec la même franchise qu'on aura pu remarquer dans nos précédens articles. D'ailleurs en établissant
cette proposition nous avons eu en même-tems en vue le
moyen proposé par le *Franc Parleur du Nord*, surtout en ce
qui a rapport à la liberté de l'instruction publique qu'il
réclame pour l'Eglise catholique. Nous avons eu encore en
vue un autre moyen non moins puissant, non moins efficace,
et peut-être seul capable de refouler la révolution dans ses
antres impurs ; ce sont les missions, dont l'estimable écrivain
aux judicieuses et hautes considérations duquel nous venons
joindre des considérations nouvelles, n'a pas parlé explicitement, mais qu'il a considérées implicitement comme entrant
dans le moyen de régénération proposé par lui. L'examen de
ces deux moyens aurait dû, à la rigueur, trouver sa place
dans notre troisième article, conformément au plan que nous
nous étions tracé : mais d'un côté cet article avait déjà dépassé
les bornes ordinaires ; d'un autre côté, il nous était difficile
de les séparer de nos vues sur un système préventif et des
mesures précautionnelles que nous nous proposons de développer, qui, séparées du moyen proposé par le *Franc Parleur du Nord*, seraient illusoires et inefficaces, et qui, man-
quant à ce moyen, le rendraient, à son tour, également
impuissant à nos yeux, pour arrêter le mouvement révolutionnaire qui nous emporte vers un précipice de malheurs et
de calamités publiques. Ainsi l'on voit que dans notre manière

de voir, l'émancipation entière du catholicisme et de l'instruction publique, avec les moyens que nous indiquerons, doivent se prêter un secours et un appui mutuels : séparés et isolés, nous les estimons impuissans pour atteindre le but désiré; réunis, nous les jugeons assez forts pour braver toute la frénésie du libéralisme, toutes les furies des enfers.

Pour mettre dans l'exposition de nos idées toute la clarté et la lucidité dont nous sommes capables, nous allons considérer séparément les différentes ressources, que dans notre opinion, le gouvernement peut déployer avec succès contre les envahissemens du libéralisme, et pour préserver la France de nouvelles convulsions révolutionnaires et des déchiremens intestins les plus épouvantables. Nous regrettons de ne pas pouvoir les présenter à-la-fois à la méditation de nos lecteurs. Mais les nombreuses considérations qui s'y rattachent et l'espace dont il nous est permis de disposer s'y opposent. Que nos lecteurs donc veuillent bien suspendre leur jugement définitif jusqu'à ce que nous ayons fait valoir toutes les raisons dont nous nous étayons.

Tant qu'une nation chrétienne est sincèrement attachée aux devoirs de la religion ; tant que le dogme et la morale trouvent un appui, une sauve-garde, une sentinelle vigilante jusque dans l'opinion dominante ; tant que l'oubli et l'infraction de nos devoirs religieux et sociaux nous attire le blâme et la censure de nos concitoyens ; tant que l'incrédulité émise au-dehors est stigmatisée et repoussée par l'horreur et l'indignation universelles, les moyens ordinaires qu'emploie l'Eglise, savoir : l'éducation de l'enfance dans les écoles et les institutions chrétiennes, et l'instruction des adultes par la prédication, suffisent pour l'œuvre de sa mission qui est de veiller à la pureté des mœurs, à l'intégrité de la foi, de seconder l'action des gouvernemens temporels, de favoriser le bien-être des hommes sur la terre et d'assurer leur félicité pour la vie future. Mais dès que les mœurs se sont notablement relâ-

chées , lorsque l'incrédulité lève fièrement son front altier ,
lorsque les hommes deviennent indifférens aux promesses et
aux châtimens d'une vie à venir , lorsque leur esprit ne
s'occupe plus que des intérêts matériels , il est nécessaire
qu'elle déploie des moyens extraordinaires. C'est ainsi qu'elle
en a agi dans tous les tems, avec plus ou moins d'énergie et de
succès , selon qu'elle avait plus ou moins de liberté d'agir.
Elle y a souvent employé avec avantage les missions.

On a voulu considérer les missions comme une innova-
tion , comme une invention nouvelle. Erreur grossière , s'il
en fut jamais ! Le Sauveur du monde a été le premier missionnaire : ne parcourut-il pas , pendant trois années con-
sécutives, la Judée , guérissant les malades , ressuscitant
les morts , consolant les malheureux , convertissant les pé-
cheurs , instruisant, exhortant , menaçant , prophétisant ?
Ses apôtres ne marchèrent-ils pas sur ses traces , et n'éten-
dirent-ils pas leurs courses apostoliques bien au-delà des
limites qui avaient été honorées et sanctifiées par la présence et les merveilles de leur divin maître ? Les évêques de
Rome , les Papes , n'envoyèrent-ils pas dans tous les tems
des hommes apostoliques , des missionnaires là où il y avait
des conquêtes spirituelles à faire ? Qu'aurait été la France
depuis près de quinze siècles , si Rome ne lui avait pas
envoyé la lumière évangélique par les saint Irénée , les
saint Denis et leurs pieux compagnons ? qu'étaient - ce, sinon de véritables missionnaires , ces religieux des différens
ordres , qui s'établirent partout du moment où l'Eglise pouvait librement étendre ses conquêtes sous les Empereurs et les
Princes chrétiens ? N'allaient-ils pas partout seconder , aider
les prêtres séculiers dans l'œuvre de la prédication? — Tout
homme tant soit peu instruit de l'histoire de l'Eglise connaît les
missions d'un saint François-Xavier, qui, dans un court espace
de tems convertit des millions d'idolâtres à la vérité catholique : prodige dont la Providence , par un décret impéné-
trable de sa justice , a permis qu'une nation de marchands

cupides (1) arrêtât bientôt les immenses avantages qui en seraient résulté pour la splendeur de l'Eglise et le salut des âmes ; celles d'un Saint-François de Sales , qui à lui seul ramena près de 100,000 hérétiques au sein de l'Eglise; d'un Saint-Charles-Borromée , dont le zèle coopéra si puissamment à préserver l'Italie de l'invasion des hérésies du 16.e siècle , et qui étendant les merveilles de sa sainte ardeur au - delà des limites de son archevêché de Milan , contribua tant à conserver la religion catholique dans une grande partie de la Suisse ; d'un saint Vincent de Paule , qui plus que tout autre prépara la splendeur et les prodiges du beau siècle de Louis XIV ; d'un François de Paule , d'un Bridaine , de cet ami des campagnards , dont l'éloquence simple , mais entraînante , vint si vivement secouer la mollesse de la capitale , et de tant d'autres héros chrétiens.

Eh bien ! s'il fut jamais un tems où les missions étaient nécessaires, elles le sont aujourd'hui en France (2). L'ignorance grossière en matière religieuse , qui règne dans tant d'endroits ; l'indifférence coupable, qui a gagné tant de classes de la société ; les préjugés absurdes qui se sont emparés de tant d'esprits ; la faiblesse ou la dépravation des mœurs si communes; l'incrédulité poussée jusqu'à ses dernières limites ; le débordement affreux des livres impies et infâmes , ne peuvent plus être combattus, surmontés, arrêtés par les moyens ordinaires. Il faut que des flots de lumières, non de ces prétendues lumières du siècle qui ne sont qu'une amère dérision, mais de ces lumières qui jaillissent de la conscience, qui s'élèvent et s'élancent du sein du christianisme , viennent dissiper les ténèbres où sont plongés ces hommes ignorans : il faut que les foudres de l'éloquence chrétienne viennent secouer , remuer , ébranler les âmes engourdies par l'indifférence : il faut

______

(1) Les républicains des Provinces-Unies hollandaises.

(2) Hélas ! elles le seraient bien aussi ailleurs; mais nous devons nous renfermer dans nos limites.

que la peinture vive , animée , saillante du sort des réprouvés vienne effrayer , épouvanter , réveiller ces âmes abîmées et comme noyées dans les ordures de la corruption : il faut que le flambeau de l'histoire , d'une saine critique et de la philosophie chrétienne , vienne déchirer le voile qu'on a voulu jeter sur l'origine des choses , sur l'histoire et les croyances des nations , sur les principes constitutifs de la société: il faut que toute là puissance de la logique , tout l'art de l'argumentation soient déployés pour attaquer , démasquer, convaincre , confondre ces incrédules , ces sophistes qui , démentant avec une présomption qui ne serait que ridicule , si elle n'avait des suites aussi funestes , l'histoire de tout le genre humain, voudraient nous persuader la possibilité d'une société dont la religion ne fût pas la base et l'élément le plus actif et le plus vital : il faut amollir et comme refondre par le pouvoir de là parole , par l'onction de l'élocution , ces cœurs endurcis au mal : il faut invoquer toutes les ressources de la rhétorique , tout le pathétisme de l'action et de la diction , toute la magie du style et toute la rapidité des mouvemens oratoires , pour faire comme apparaître les mânes de ceux qui tombèrent sous le fer assassin des républicains, afin de porter l'effroi et l'épouvante dans l'âme de ces vieux révolutionnaires qui voudraient renouveler de nos jours le même drame sanglant , et d'y faire naître, s'il est possible , de salutaires remords , avant que la tombe déjà entr'ouverte se ferme sur eux.

Or , les missions seules peuvent opérer ces merveilles , du moins en partie ; mais les missions protégées , encouragées , favorisées par le gouvernement ; les missions à l'abri des insultes et des sarcasmes des journaux ; les missions dirigées d'après un plan et une impulsion uniformes , faites par des hommes prudens , éclairés et éprouvés, enflammés de l'amour divin , et brûlant du salut des âmes. La facilité , le don de la parole n'y suffisent pas ; il faut y joindre une grande abnégation de soi-même , l'esprit de charité et de douceur , un grand désintéressement. Inflexibilité , et sainte indignation contre l'erreur , contre les fausses doctrines , contre le relâchement , contre l'indifférence , contre le respect humain ; patience , longanimité, affabilité , mansuétude envers les personnes ; indulgence à l'égard des faiblesses inséparables de l'humanité, voilà les principaux caractères d'un vrai missionnaire. Il faut donc qu'ils soient formés , qu'ils soient attachés à cette profession pour la vie. Il y a à cette fin d'excellentes pépinières en France ; que le gouvernement les favorise , sous l'autorité et la sanction de l'Eglise, les prenne sous sa protection , non sous sa tutelle ; qu'il les reconnaisse comme corps; qu'il se hâte surtout d'avouer , de reconnaître , de légitimer l'ordre des Jésuites qui non-seulement possèdent le secret de choisir les sujets les plus propres et les plus habiles , mais qui ont encore l'art de former les meilleurs professeurs et les meilleurs missionnaires. Ce n'est pas là un coup d'Etat (1), quoiqu'un gouvernement légitime ne doive jamais reculer devant les coups d'Etat, quand l'intérêt de la religion, sa propre conservation et le salut du peuple les exigent. *Salus regis populique , prima lex.*

Voilà une première barrière à opposer à la licence et au mouvement révolutionnaire. Le *Franc Parleur du Nord* l'a implicitement reconnu avec nous. — Nous remettons à un autre numéro la continuation de cet article.

DU 23 SEPTEMBRE.

Nous venons d'indiquer les missions comme un des moyens les plus puissans et les plus efficaces qu'on puisse opposer au progrès du mal et au mouvement révolutionnaire qu'on s'efforce d'imprimer à la France. Il n'y en a pas d'autre pour rappeler à l'observance des devoirs religieux , et par là

---

(1) Ce n'est pas une faveur, mais une justice que l'on réclame ici en vertu de la Charte. L'espace nous manque pour prouver cette assertion. Peut-être le ferons-nous dans une autre occasion.

même à la fidélité au gouvernement légitime cette multitude d'hommes égarés , ces victimes innombrables des fausses doctrines du libéralisme. Qu'on ne dise pas que nous nous mettons ici en contradiction avec ce que nous avons dit dans notre 3.e article sur l'inefficacité de la prédication pour arrêter les ravages de la presse , et détourner l'imminence des dangers qui nous menacent : car d'abord nous n'avons parlé là que de la prédication ordinaire , qui d'un côté ne stimule pas assez la curiosité de la multitude indifférente ou incrédule pour l'y attirer, et qui de l'autre ne se succède pas avec assez de rapidité et ne présente pas un ensemble d'instructions et de preuves de conviction , pour produire des effets prompts et durables sur des cœurs fermés depuis long-tems aux impressions tantôt douces , tantôt terribles des vérités religieuses ; ensuite nous ne nous promettons des missions des fruits abondans et permanens qu'autant qu'elles seront mises à l'abri de la licence de la presse.

Sans doute les missions rencontreront dans beaucoup d'endroits de fortes oppositions : mais si elles se manifestent par des démonstrations hostiles , il faut les réprimer ; si elles tiennent à l'indifférence , ou à l'incrédulité des populations , il faut exciter leur curiosité. Celui qui n'y viendra pas aujourd'hui, y viendra demain ; et celui qui y aura assisté une première fois , y assistera une seconde , une troisième fois. D'abord il en sortira froid , peut-être furieux , encore tout plein de ses préjugés, de ses préventions ou de ses animosités; mais de même que le chêne ne s'abat pas aux premiers coups qu'on lui porte , de même aussi l'homme égaré ne fléchit pas du premier abord devant la vérité , ne se rend pas aux premières sollicitations de la grâce ; il faut revenir plusieurs fois à la charge ; il faut l'étonner , le toucher , le subjuguer , le terrasser. Quand une fois on aura captivé son attention , quand le cœur sera amolli, touché , l'orgueilleuse raison fléchira à son tour. Et si l'on n'obtient pas partout un succès complet , on augmentera du moins le nombre des hommes religieux et par-là même celui des amis de l'ordre. On fera donc des conquêtes sur la révolution. Ces conquêtes se consolideront et s'augmenteront, pourvu que l'on mette les artisans de désordres dans l'impossibilité de continuer leur système de mystification, de supercherie et de corruption.

Qu'on ne dise pas non plus que le moyen que nous proposons ici est en quelque sorte inexécutable, du moins pour le moment, puisqu'il serait impossible de trouver un nombre suffisant de missionnaires, tels que nous les désirons, pour pouvoir faire un effort général sur la France : que le gouvernement montre seulement la ferme résolution de vouloir se sauver lui-même et de vouloir sauver la nation, qu'il entre pour cela dans les voies enseignées par la religion et indiquées par l'histoire, et celui qui règne au haut des Cieux y pourvoira. Il en est des Etats comme des individus : ils n'ont qu'à vouloir leur salut, les premiers pour le tems, les seconds pour l'Eternité, et il est comme assuré ; mais il faut le vouloir d'une volonté ferme, active, raisonnable ; il faut le vouloir par les moyens que la raison, la morale et la religion conseillent. Si le gouvernement veut fermement le salut de la monarchie par la régénération intellectuelle des esprits, par le renouvellement des cœurs, les secours du Ciel ne lui manqueront pas ; le Seigneur enverra, suscitera des ouvriers évangéliques en nombre suffisant. Déjà la France ne manque pas de ressources sous ce rapport. Il n'est pas nécessaire d'ailleurs pour arrêter la révolution dans sa marche rapide et menaçante que toute la France soit évangélisée à-la-fois : que l'on commence par les provinces les plus gangrénées ; qu'on attaque surtout le mal dans son siége principal ; que les premiers efforts se fassent sur les populations des grandes villes : c'est là où sont les principales ressources du libéralisme, c'est là où il faut porter les premiers coups spirituels.

Mais les missions, quelque nombreuses, et quelque bien dirigées qu'elles soient, ne pourront qu'arrêter les progrès du mal , que commencer, que préparer la régénération morale de la société : car s'il n'est pas impossible , il est au moins très-difficile que la masse des hommes corrompus revienne à la vertu , que la multitude des incrédules prononcés rouvre les yeux à la lumière. Il faut donc en même-tems diriger tous les efforts possibles sur l'éducation des générations naissantes: c'est par elle qu'il faut compléter le renouvellement de la société. Il faut pour cela que cette instruction soit libre , il faut que le monopole de l'Université soit aboli. Mais si nous demandons à cet égard une libre concurrence , nous sommes bien loin d'admettre qu'il doive être permis à chacun de se mêler de l'éducation et de l'instruction publiques. Le gouvernement ne doit en aucun cas abdiquer cette haute surveillance , qui lui appartient de droit ; liberté pour les personnes, liberté pour les corps , liberté pour les doctrines conservatrices , mais non pas liberté pour les erreurs , pour les doctrines subversives de l'Etat et des familles. Que personne ne soit molesté pour les secrets de sa conscience : mais qu'il ne soit permis non plus à personne d'infecter la société, de pervertir la jeunesse. De là il s'ensuit que le gouvernement a le droit , et le droit inaliénable , de s'assurer de la capacité , de la moralité et des principes religieux de tous ceux qui se présentent pour concourir à l'instruction et à l'éducation publiques. Le premier de ces points tombe sous son examen , du moins pour les lettres humaines : le second , il le partage avec l'Eglise : le troisième n'appartient qu'à l'autorité spirituelle , seul juge en matière de foi et de religion.

Qu'on ne nous accuse pas de prêcher ici un système d'intolérance, d'émettre des principes contraires à la Charte ! Si nous soutenons qu'il est d'une haute politique, d'un devoir sacré et impérieux pour un Etat, où la religion catholique, la seule vraie, est professée par tous les sujets , de s'opposer de toutes ses forces à l'introduction des doctrines erronées, nous sommes assez tolérans et assez justes pour reconnaître que là où les fautes , la faiblesse ou l'imprudence des règnes précédens ont laissé de fausses religions prendre racine, on ne peut et on ne doit plus employer contr'elles que des moyens de persuasion. Qu'on protège donc même en France tous les cultes reconnus, puisque la Charte le veut ainsi ; qu'on leur laisse comme aux catholiques la liberté de l'éducation, la libre discussion des principes sur lesquels ils étayent leurs erreurs : la vérité catholique n'est pas embarrassée de les confondre et de les forcer dans leurs derniers retranchemens. Mais qu'on leur interdise les moyens vils et déloyaux, la calomnie, l'insulte, l'altération des faits ; qu'en vertu de la Charte on défende même chez les dissidens, la profession du matérialisme, du scepticisme, du déisme, de l'athéisme : car ce ne sont pas là des cultes, c'est l'absence de tout culte ; et nous ne pensons pas que la Charte ait entendu protéger *le néant !*.......

Au reste, nous n'avons fait ces dernières remarques que pour répondre d'avance à toute fausse interprétation. Nos considérations principales ne doivent s'appliquer qu'aux populations catholiques. Le gouvernement a déclaré la religion catholique *religion* de l'Etat : il la professe lui-même : c'est la religion de la grande majorité des Français : il est le tuteur, le protecteur des jeunes Français catholiques : il devra rendre spécialement compte à Dieu des mesures qu'il aura prises pour assurer leur bonheur et dans ce monde et dans l'autre. Il ne faut donc pas qu'il permette que des instituteurs, des professeurs corrompus ou impies puissent les corrompre et les pervertir : il ne faut pas même qu'il laisse cette liberté sacrilège, du moins sous sa protection, à des parens insoucians, ou incrédules : il faut donc qu'il leur en ôte les moyens, en ne tolérant aucun établissement, aucune institution, où la décence, les principes conservateurs, en un mot, la religion ne président pas. Il faut surtout qu'il protège, qu'il seconde, qu'il favorise l'influence des corps et des congrégations religieuses qui voudront entrer dans cette belle et glorieuse concurrence, d'arracher la jeunesse aux griffes de l'impiété , aux pièges qu'elle lui tend. Il faut qu'il concerte toutes ses mesures relatives à cet important objet avec l'Eglise , qui seule a reçu la mission inaliénable d'instruire les hommes , de les éclairer sur leurs devoirs religieux et sociaux.

Ces considérations exciteront , nous le savons , la rage ou la pitié des révolutionnaires. Nous n'ambitionnons pas leurs suffrages : ce serait la plus grande humiliation qui nous pût jamais arriver. Elles paraîtront même exagérées aux personnes du milieu , aux caractères timides , aux esprits incapables de toute énergie : mais nous leur dirons qu'on ne sauve pas les Etats par des moyens palliatifs , par des demi-mesures. D'autres , tout en les approuvant , douteront de la possibilité de les mettre à exécution dans les circonstances actuelles : mais nous espérons de leur prouver dans la suite de cet article que rien n'est impossible , pour le bien , quand on part du véritable principe ; quand on ne s'appuie pas sur sa propre sagesse , mais sur l'expérience des siècles , sur la sagesse éternelle , et que l'on est doué d'une volonté et d'une fermeté à toute épreuve : nous leur dirons qu'il n'y a pas de milieu ; qu'il faut ou saisir le seul ancre de salut, ou succomber sous le despotisme du libéralisme, l'un des plus grands fléaux dont le Seigneur ait jamais visité le monde. Nous réservons ces considérations et d'autres qui s'y lient pour un prochain numéro.

DU 26 SEPTEMBRE.

Outre les moyens que nous avons indiqués dans les deux premières divisions de cet article , contre les progrès de la révolution , il importe encore que le gouvernement tienne strictement à l'exécution des lois et des réglemens portés contre la profanation des saints jours de dimanches et des fêtes. C'est un scandale qui dans beaucoup d'endroits a atteint le dernier degré d'impudence et d'impunité. C'est un scandale , qui plus que tout autre provoque la colère et les châtimens du

Ciel. Le mépris de la divinité ne saurait se manifester d'une manière plus téméraire. Jamais dans aucun tems, chez aucune nation il ne s'était rien vu de semblable à ce qui se voit aujourd'hui sous ce rapport en France. Tous les peuples ont eu leur jour de repos, leur jour spécialement consacré à honorer la divinité et à reconnaître le souverain domaine qu'elle a sur eux. Ce fait constaté par toutes les histoires, reconnu par tous les voyageurs, prend sa source dans la révélation primitive, et confirme ainsi d'une manière incontestable l'histoire de la création, ainsi que Moïse l'a rapportée. Ne faut-il pas être parvenu au dernier degré d'aveuglement et d'orgueil pour se mettre ainsi en contradiction avec tout le genre humain ? Et quel devrait être l'avenir d'un peuple qui continuerait à se jouer aussi audacieusement d'une des premières lois que le Créateur donna à la créature ? Toutes les mesures de précaution qu'on prendrait donc contre la révolution seraient sans effet contre son imminence, si l'on ne se hâtait en même-tems d'attaquer et d'extirper cet abus sacrilège et révoltant.

Mais le gouvernement aurait beau favoriser de tous ses moyens les missions, dégager la religion catholique des entraves dont une politique jalouse et ombrageuse l'a trop long-tems entourée, accorder une libre concurrence à l'instruction publique, avec les modifications que nous avons indiquées, autoriser légalement les congrégations religieuses d'hommes et seconder leur action sur cette instruction, enfin faire respecter la sainteté des dimanches et des fêtes ; tous ces moyens, quelque puissans qu'ils soient et quelques salutaires influences qu'ils dussent avoir sur un avenir plus ou moins éloigné, ne parviendraient cependant pas à détourner de la France les malheurs que les révolutionnaires lui préparent, si le gouvernement ne prenait en même-tems des mesures efficaces contre les excès et le dévergondage de la presse.

Nous ne reviendrons pas sur ce que nous avons dit dans

notre second article sur les funestes suites que la licence de la presse entraîne nécessairement : les principes que nous y avons établis sont trop incontestables et les faits dont nous les avons étayés trop notoires et trop avérés, pour que nous eussions besoin de produire encore d'autres argumens et d'apporter de nouvelles preuves à l'appui de notre opinion.

Mais nous dirons qu'avec la licence de la presse, les missions dont nous avons démontré la nécessité ne produiraient pas les fruits qu'on peut à juste titre en attendre : l'expérience seule confirme cette assertion. De nombreuses missions ont été données en France depuis quinze ans ; dans plus d'un endroit elles avaient eu des résultats immenses. Mais ces résultats ; la licence de la presse les a en grande partie détruits.

Et quand il serait vrai, ce que nous n'accordons pas (1),

____

(1) L'éducation foncièrement religieuse fait sans doute les bons chrétiens, les sujets fidèles : mais aussi les passions, l'empire du mauvais exemple, le contact avec des hommes pervers, qu'il est difficile à la jeunesse d'éviter à son entrée dans le monde, ne viennent que trop souvent renverser l'ouvrage des soins les plus assidus et les plus constants mis en œuvre par des maîtres habiles et religieux. Ajoutez à cela que la lecture des journaux, de tout ce qui est nouveau est devenu un besoin de l'époque actuelle : besoin fatal, funeste, il est vrai; mais qui n'en subsiste pas moins, et contre lequel il n'y a pas d'autre remède, que celui de le rendre moins pernicieux. Que de victimes la licence de la presse ne ferait-elle donc pas même dans la classe des jeunes gens chrétiennement élevés, si cette licence continuait à être tolérée telle qu'elle existe ! Mais ce n'est pas tout : il est plus difficile qu'on ne pense de faire de bons chrétiens, de ces malheureux enfants, qui n'ont pas sucé, dès leur plus tendre enfance, les sentiments religieux dans la maison paternelle. Et si, à force de soin et de zèle, on parvient à effacer en quelque sorte de leurs jeunes cœurs, les impressions funestes qu'ils avaient déjà reçues, et à leur faire goûter les douceurs inexprimables que procure la pratique des vertus chrétiennes, le retour sous le toit paternel n'affaiblit et n'étouffe que trop souvent les germes précieux qu'on y avait déposés. On voit quelquefois, il est vrai, des parents revenir à la vertu

qu'au moyen d'une direction sage et foncièrement religieuse imprimée à l'éducation de la jeunesse , on parviendrait à préserver les générations naissantes des influeuces funestes et corruptrices de la presse et à régénérer ainsi insensiblement la France , nous soutenons que le danger est trop imminent et trop prochain , pour qu'il fût permis d'attendre le salut de la monarchie des générations qui sont encore à élever. Certes les révolutionnaires n'attendront point jusque-là , si on les laisse faire , et qu'on ne leur ôte pas le levier formidable de la licence de la presse. Et hélas ! tout nous annonce que dans ce cas , ils auront bon marché de la proie qu'ils convoitent. Il ne faut pas se faire illusion : la France se trouve sur un volcan, dont la moindre circonstance peut provoquer l'érup-tion. Qu'on nous dise tant qu'on voudra qu'on ne veut pas de révolution, cela ne nous rassure guère. Les révolutions ne se font pas , parce que les peuples les veulent , mais parce qu'ils préconisent les principes qui les engendrent , parce qu'ils y adhèrent et y applaudissent. Qui veut les causes , veut les effets. Or , observa-t-on jamais chez aucun peuple un tel aveuglement sur les vrais intérêts de la société et des familles , sur les véritables sources de la prospérité publique , que celui qu'on observe aujourd'hui chez la majorité des Français ?

---

par l'exemple de leurs enfants ; mais on voit encore plus d'enfants tomber dans le relâchement et l'indifférence par l'exemple de leurs parents. Or , combien plus ces funestes impressions domestiques auraient-elles de prise sur eux, si leurs fatales lectures venaient y prêter une nouvelle force et fomenter davantage leurs passions? Il y a plus encore : il est moralement impossible que tous les jeunes gens qui reçoivent aujourd'hui un certain degré d'éducation fassent des études assez profondes et assez complètes , pour être à l'abri des sophismes de l'impiété et de l'erreur. Les uns manquent des talents , les autres des moyens pécuniaires nécessaires. Il est donc impossible que l'éducation exposée à la licence de la presse puisse combattre efficace-ment les progrès du mal. Il est donc de toute nécessité de réprimer vigoureusement cette licence. L'homme a naturellement trop de penchan au vice pour qu'il fût permis de le laisser en butte à une aussi terrible tentation.

L'histoire et l'expérience sont perdues pour eux. On a beau
leur faire voir, l'histoire à la main, que la France n'a été
civilisée, et n'est devenue grande et puissante depuis quatorze
siècles que par la religion catholique ; on a beau leur faire
toucher aux doigts les beautés ravissantes de cette religion
divine, les heureuses influences qu'elle exerce même sur la
prospérité temporelle des Etats : les jacobins savent, avec
leur effronterie infernale, la leur représenter comme une
invention des prêtres, comme la plus grande ennemie des
Français, comme la source de leurs maux imaginaires ; et ils
se laissent abuser par d'aussi impudens mensonges ! On a
beau leur prouver, avec la dernière évidence, qu'à toutes
les époques où leurs ancêtres ont pris les armes contre leurs
Souverains légitimes, ce qui n'a guère eu lieu que depuis
la prétendue réforme du 16.ᵉ siècle, la France a été assaillie
d'un déluge de maux et couverte de ruines : les provocateurs
de nouvelles résistances, de nouveaux désordres savent si
bien dénaturer les faits, dissimuler les causes, qu'ils en
rejettent la faute et la responsabilité sur l'autorité et le clergé ;
et ces Français deviennent les dupes de leur mauvaise foi !
On a beau remettre sous leurs yeux les horreurs de la révolution : les factieux, avec leur langage astucieux et hypo-
crite, savent la leur représenter comme un immense bienfait ;
et ils les croient On a beau leur rappeler que Buonaparte
menait chaque année leurs enfans à la boucherie, qu'il
exerçait un despotisme intolérable, qu'il méconnaissait tous
les droits, que son ambition insatiable attira deux fois les
armées étrangères dans le cœur de la France : les buonapartistes alliés avec les assassins de 93 savent le leur
faire admirer comme un grand homme, et le leur faire
regretter ; et les insensés se laissent prendre à de telles
impostures ! On a beau renouveler le souvenir des titres
que les Bourbons ont à la reconnaissance, à l'admiration et à l'amour des Français : la sainteté de Louis
IX, les actes héroïques de Henri IV, l'amour qu'il por-

tait à son peuple ; les qualités d'un grand Roi qui brillèrent avec tant d'éclat dans Louis XIV ; le vif désir du bonheur de la France dont fut animé Louis XVI , les vertus qu'il pratiqua , la magnanimité avec laquelle il pardonna à ses bourreaux , le martyre qu'il souffrit avec un héroïsme si chrétien ; les souffrances et les cruautés auxquelles fut en butte Louis XVII ; l'indulgence et les vues généreuses de Louis XVIII ; la bonté , les manières affables et grâcieuses, la libéralité et l'amour bien notoire de son peuple, qui distinguent si éminemment Charles X : les libéraux savent ou obscurcir , ou calomnier ou suspecter de tels titres , ou les faire oublier à ces Français crédules ; et ils se laissent prévenir, tromper, mystifier par des menées aussi odieuses ! Une telle nation n'est donc pas susceptible de résister aux funestes influences de la licence et de la frénésie de la presse : il faut donc la mettre à l'abri d'un aussi horrible moyen de séduction , si l'on ne veut pas quelle s'égare sans ressource, s'enflamme et déchire ses propres flancs. Il faut donc la soustraire à l'action désorganisatrice du comité directeur pour la rendre au calme et au bon sens.

Mais quelles mesures prendra-t-on contre la presse ? Les mesures répressives sont illusoires. Le *Franc Parleur du Nord* l'a prouvé d'une manière victorieuse. Pour qu'elles fussent efficaces , il faudrait qu'elles entraînassent l'infâmie , sinon dans l'opinion des libéraux , du moins par la nature des peines. Or, ces peines on ne les obtiendra pas, et si on les obtenait, qui répondrait de leur stricte application ? D'ailleurs les lois répressives n'empêchent pas le mal ; la société est empoisonnée , avant que la loi puisse atteindre les empoisonneurs. Ce n'est donc pas là que se trouve le remède. Le gouvernement n'a donc d'autres ressources contre la presse que dans des mesures fortement préventives ; il en faut non-seulement contre les journaux, mais il en faut aussi contre les brochures, il en faut contre les poisons qu'on distille chaque jour comme contre les poisons anciens , c'est-à-dire contre

La réimpression de tous les ouvrages qui ont infecté et gangréné la société, contre tous les écrits insidieusement hostiles à la religion, à l'autorité et aux bonnes mœurs. Il faut en un mot une censure permanente. Elle n'est pas contraire à la Charte, puisque la Charte n'a pas entendu tolérer la licence; elle ne lui est pas contraire, puisque la Charte a voulu la conservation, et non la subversion de la société; elle ne lui est pas contraire, puisque la censure a été plus d'une fois établie depuis la restauration. Il faut que cette censure soit partout confiée à des hommes éclairés, religieux et indépendans : il faut qu'elle permette la libre discussion des principes, des actes du gouvernement; mais il faut qu'elle élague, qu'elle écarte, qu'elle retranche impitoyablement tout ce qui s'attaque à la religion, à la majesté du trône, et à l'exercice libre et entier des prérogatives inaliénables qu'elle s'est réservées et qu'elle a dû se réserver. Il faut qu'elle fasse justice de tous les mensonges, de toutes les calomnies, de toutes les diffamations, de toutes les assertions malignes, qui ne reposent sur aucun fait certain, de toutes les suppositions arbitraires, en un mot de tous les scandales.

DU 27 SEPTEMBRE.

Mais dira-t-on : une telle censure est impossible : il serait difficile de trouver des censeurs tels que vous les désirez; et si on les trouvait, le ministère exercerait toujours sur eux une influence qui ne serait que dans son intérêt, et qui pourrait être plus hostile au développement de la vérité catholique, à la manifestation des plaintes et des avis des hommes religieux et monarchiques, qu'au développement et à la manifestation des erreurs qui sont opposées au catholicisme, qui sont contraires au bien-être de l'Etat ; car l'amour-propre des hommes élevés aux plus hautes dignités est toujours plus blessé et plus froissé par les avis que leur donne la vérité, que par les attaques que leur livre l'erreur : celles-ci, ils peuvent les repousser avec succès, ou les mépriser, sans que leur honneur en reçoive des atteintes durables ; mais quant aux avis et aux conseils utiles, ce n'est que par des sophismes, qu'on peut y répondre, et ils conservent toujours une voix accusatrice pour ceux qui les ont méprisés et dédaignés. A la première de ces objections, nous disons : il ne manque pas en France d'hommes religieux, intègres et éclairés, également amis de l'autel et du trône : on n'aura que l'embarras du choix. Nous répondons à la seconde : Nous ne nous sommes pas dissimulé les difficultés en commençant le développement de notre troisième proposition : nous n'avons pas prétendu annoncer ce que l'on fera, mais seulement ce qu'il serait possible de faire : nous sommes partis du principe que le gouvernement veut sincèrement le triomphe de la vérité, et la mort de la révolution. Or, il ne peut les vouloir efficacement qu'autant qu'il s'appuie sur les leçons de l'expérience, sur la vérité, en un mot. Nous avons donc cru pouvoir montrer les seules voies qui conduisent à la glorieuse mission dont il s'est chargé. Si le ministère, sourd à la voix de la religion et de l'expérience, ne saisit pas les seules planches de salut qui restent à la monarchie, il faut le plaindre et gémir sur l'avenir de la France, qui, nous en avons l'intime conviction, n'échappera pas alors aux conséquences affreuses qu'entraîne nécessairement la déviation obstinée et constante des principes constitutifs et conservateurs des sociétés humaines. Dans un tems où tant d'hommes sans talens et sans notions saines sur les choses et les hommes se mêlent d'écrire et de régenter les gouvernemens, il doit être permis à ceux qui ont médité l'histoire et qui ont recherché les causes des maux dont les sociétés modernes sont atteintes au cœur, de dire franchement leur opinion. Si on méprise leurs avertissemens, ils auront du moins obéi au cri de leur conscience ; et s'ils ont parlé dans le désert, lorsqu'il était tems encore de sauver l'Etat, leurs avis du moins ne seront pas inutiles à ceux qui devront travailler à la seconde restauration. Car la religion surnagera malgré toutes les fautes : elle seule rassemblera les débris épars de la monarchie.

Mais, dira-t-on encore : « Le gouvernement n'obtiendra jamais l'adhésion des Chambres à de telles mesures préventives. » Nous ne pouvons ni ne voulons examiner ce que feront les Chambres, quoiqu'il semble que des hommes qui ont tout à perdre, et si peu à gagner à de nouveaux bouleversemens, devraient enfin apercevoir le précipice où on les pousse, et seconder le gouvernement de tout leur pouvoir. Mais supposez que les Chambres ne voulussent pas, sous ce rapport, appuyer le gouvernement, est-il donc dépourvu de tout moyen de se sauver lui-même ? Nous ne le pensons pas. Il le peut même sans avoir recours *aux coups d'Etat*, quoique encore une fois *les coups d'Etat* ne doivent jamais effrayer un gouvernement qui s'appuie sur les principes de la justice, et sur les hautes considérations puisées dans les nécessités du bien public. L'article 14 de la Charte ne réserve-t-il pas au Roi le droit de faire toutes les ordonnances pour l'exécution des lois et la *sûreté de l'Etat* ? Or, s'il peut jamais y avoir une circonstance où l'application de la dernière partie de cet article pourrait devenir nécessaire, c'est bien le cas aujourd'hui ; car jamais encore les journaux ne s'étaient livrés à un tel degré de frénésie qu'ils l'ont fait depuis six à sept semaines.

Devrons-nous encore répondre à cette objection : mais le gouvernement trouverait-il, pour une telle mesure, l'appui nécessaire dans la magistrature, dans le dévouement de l'armée ? La magistrature tient ses pouvoirs du Roi ; elle ne pourrait lui refuser, sans devenir parjure, l'appui de son action, quand il agit dans les limites qu'il a lui-même posées. Or, nous venons de prouver qu'en établissant, dans un moment critique, la censure, même sans le concours des Chambres, il ne sortirait pas de ces limites. Le dévouement de l'armée est connu ; sa fidélité fait trembler les jacobins. Son existence tient de trop près à celle de la monarchie, pour qu'elle puisse dévier de la route où elle est entrée. « Oui, poursuivez-vous, l'armée est dévouée aux Bourbons : mais ne balancerait-elle pas d'entrer dans un système qu'on lui aurait représenté comme *extra-légal* ? » L'armée ne délibère pas ; elle exécute les ordres de son chef naturel , lorsqu'ils ne sont pas évidemment contraires aux lois de Dieu. Mais admettons un moment que les *bayonnettes voulussent devenir intelligentes* , cela dépend-il donc uniquement d'elles ? Non certes. Il est au haut des cieux un maître qui agit , quand il le veut, avec une autorité souveraine , irrésistible , non-seulement sur les corps, mais aussi sur les cœurs. Il imprimerait, s'il le fallait , à l'armée, une fidélité et un dévouement qu'elle ne puiserait pas dans ses propres inspirations , dans ses propres sentimens. Qu'on ait donc foi à la force de la vérité, qu'on ait foi à la protection de la Providence, qui ne manque jamais à ceux qui la demandent , et qui s'en rendent dignes par l'hommage entier qu'ils rendent à la vérité. Les empires ne périssent pas , parce qu'ils se trouvent dans une position critique , désespérée humainement parlant, mais parce que leurs gouvernemens persistent et s'obstinent dans les erreurs qui les ont conduits au bord de l'abîme. Certes , l'empire grec ne se fût pas éteint (1453) avec l'Empereur Constantin Paléologue , et ne se fût pas écroulé pour jamais peut-être sous les coups de l'islamisme , si son gouvernement eût écouté avec docilité les derniers avis que donna en 1451 le Pape Nicolas V, aux Grecs, en les avertissant que si dans trois ans ils ne faisaient pénitence et ne revenaient à l'unité catholique, ils seraient traités comme le figuier dans l'Evangile (1), et si ce gouvernement en eût profité pour

______

(1) Voici comment Fleury raconte ce fait historique : « Tout étant ainsi
» disposé pour soutenir la guerre, dont les Turcs menaçaient les Princes
» chrétiens; le Pape écrivit aux Grecs et les exhorta à penser à leur salut
» et à ne point rendre inutile le secours que le ciel vouloit leur donner , les
» pressant de faire pénitence, et de recevoir les Décrets du Concile de Flo-
» rence ; et comme s'il eût été prophète, il mandait à Constantin, Empereur
» de Constantinople, qui donnait lieu de croire qu'il n'agissait pas sincèrement :
» qu'il y avait déjà trop long-tems que les Grecs se jouaient de la patien-
» ce de Dieu et des hommes, en différant toujours de se réunir à l'Église;

comprimer, étouffer et extirper les erreurs qui tenaient les Grecs éloignés de l'Eglise catholique.

Mais, dira-t-on peut-être encore : si l'on prenait les mesures que vous conseillez, on porterait un coup mortel au commerce de la librairie, qui a pris une si grande extension en France. Nous répondrons : le bien privé doit céder au bien public, le bien matériel au bien moral. Que le commerce de la librairie au reste s'exerce sur les ouvrages vraiment utiles, ils sont assez nombreux. Les honnêtes libraires

» que selon la parabole de l'Évangile, on attendroit encore trois ans que » le figuier qu'on avait jusqu'alors inutilement cultivé portât du fruit ; et » que s'il n'en portait, c'est-à-dire si dans ce temps-là que Dieu donnait » encore aux Grecs, ils ne recevaient le décret de l'union, l'arbre serait coupé » jusqu'a la racine, et la nation grecque entièrement ruinée par les exécuteurs » de l'arrêt déjà porté par la justice divine contr'elle. Le Pape écrivit cette lettre » en cette année 1451, et la troisième année après cette prédiction, la ville de » Constantinople fut prise d'assaut par les Turcs, pour punir l'extrême obstination des Grecs à refuser la paix et l'union, selon les décrets du Concile. (*)

Voici maintenant comment s'exprime, au sujet de cette prédiction, Georges Scholarius, qui devint Patriarche de Constantinople, peu après la prise de cette ville par les Mahométans, sous le nom de Gennadius : *O malédiction terrible, aussi positive qu'efficace ! Elle fut prononcée l'an 1451, et l'an 1453, l'infidèle Constantinople, qui pendant ces trois années d'épreuve s'était de plus en plus opiniatrée dans le schisme, est devenue autant l'opprobre du monde que la proie de ses ennemis. Ce qu'il y a de plus extraordinaire dans ce miracle épouvantable, c'est que la nation des Grecs cette nation célèbre et terrible, d'un courage éprouvé, d'une sagesse incomparable, si long-tems la maîtresse du monde, enfin frappée de la main de Dieu, est devenue méconnaissable conformément aux paroles du Pape Nicolas, et est tombée du faîte des grandeurs sous le joug d'infâmes barbares.* (**) Ceci n'a pas besoin de commentaire pour ceux qui regardent l'histoire comme l'école des Rois et des peuples.

(*) Fleury, histoire ecclésiastique, tome XXII, page 541, édition de Bruxelles, 1726.

(**) Histoire de l'Eglise, de Berault Bercastel, tome XVI, livre LXIII, édition de Maestricht, 1783.

seuls, ceux qui ne spéculent pas sur la corruption et la subversion de la société, mais qui n'ont en vue que l'intérêt des sciences, des mœurs et de la religion, ont droit à la protection du gouvernement. Que dirait la France, s'il se fût organisé dans son sein une association d'hommes, qui tiendraient des dépôts des poisons les plus malfaisans, qu'ils lanceraient chaque jour sur la France pour assassiner les populations ? Prétendrait-on qu'il ne faudrait pas les molester, puisque ce serait blesser les intérêts des associés? Oh ! avec quel horreur une telle proposition serait accueillie! Eh bien ! les libraires qui spéculent sur les mauvais livres, sur la corruption publique, sont pires, et plus dangereux, que les trafiquans de poisons matériels : ceux-ci ne tuent, par leurs poisons, que les corps, que les individus ; ceux-là tuent, au moyen des leurs, l'âme, la société.

Voici une objection plus sérieuse ! mais, dira-t-on : vous qui d'un côté provoquez la libre discussion des principes (1), et qui d'un autre côté avez cherché à démontrer (2) que la vérité ne saurait lutter efficacement avec l'erreur, puisqu'elle ne saurait pénétrer partout où celle-ci pénètre, ne vous mettez-vous donc pas en contradiction avec vous-même, en provoquant la censure ? car avec la libre discussion l'inconvénient pour la vérité subsistera toujours : on ne lira pas plus vos journaux royalistes et religieux qu'on ne les a lus jusqu'ici. Voici notre réponse :

1.° Si nous avons admis la libre discussion des principes, si nous accordons même que l'erreur puisse faire valoir les motifs dont elle s'étaie, pourvu qu'elle renonce à tous les moyens vils, nous n'avons été amenés à cette concession que par l'autorité de la Charte et par la considération qu'il faut ôter aux hommes égarés et pervers jusqu'au moindre prétexte, et ne pas même leur laisser la ressource de dire qu'on avoue

---

(1) Dans les deux premières divisions du 4.ᵉ article.

(2) Dans la seconde partie du 3.ᵉ article.

être dans l'impuissance de réfuter leurs beaux systèmes , ou plutôt les rêveries de leur imagination en délire. L'erreur est par elle - même contagieuse , elle a pour soi le prestige des passions. Une saine politique commande donc de proscrire jusqu'à sa manifestation , là où elle n'a point encore entamé la société. Mais quand elle a fait des ravages tels qu'elle en a faits en France , il ne suffit pas de l'étouffer , il faut la combattre , la mettre à nu , la dépouiller de ses prestiges, en montrer toute l'horreur , toute l'absurdité : or , pour le faire , il faut permettre qu'elle se manifeste.

2.° Il y a un excellent moyen d'obvier , du moins en partie , à l'inconvénient que nous avons signalé relativement aux obstacles qui empêchent la vérité de faire entendre sa voix là où il serait le plus nécessaire : moyen qui doit être accueilli par tous les partis, s'ils veulent le triomphe de leurs principes , et auquel les Chambres ne pourraient refuser leur appui, sans déclarer à la face de l'Univers qu'elles ne veulent pas de la libre discussion des principes ; c'est d'ordonner par une loi, ou à défaut de loi, si l'esprit d'une opposition systématique venait traverser ici les vues sages du gouvernement, par une simple mesure de haute police , que tous les propriétaires de journaux soient tenus d'insérer immédiatement dans leurs feuilles les réfutations qui leur seront présentées soit de la part du gouvernement , soit de la part de tous les hommes à talens qui voudront se mêler de la discussion des principes. Il s'entend que ces réfutations devront avoir obtenu, ainsi que les articles contre lesquels elles seront dirigées, le visa des censeurs , dont la seule autorité devra décider de l'insertion ou de la non-insertion. C'est alors qu'on pourra dire avec vérité *que du choc des opinions jaillit la lumière*. C'est alors que les lecteurs trouveront l'antidote dans les mêmes sources où ils auront sucé le poison. Les hommes d'un esprit droit ne courront pas tant de risque alors d'être abusés par la lecture des feuilles animées d'un esprit d'hostilité contre la religion catholique, le trône et la société. Les hommes égarés trouveront ainsi les moyens de comparer le langage de la vérité avec celui de l'erreur, de se déterminer entre la beauté de celle-là et la difformité de celle-ci ; et s'ils persistent dans leurs égaremens, au moins sera-ce avec connaissance de cause, et le gouvernement se sera déchargé d'une grande partie de sa responsabilité morale.

Qu'on ne nous objecte pas ici les difficultés auxquelles un tel système donnerait lieu : les difficultés de toute nature doivent disparaître devant une volonté conséquente dans ses principes, ferme et inébranlable dans son action. Que le gouvernement favorise, encourage de tout son pouvoir les hommes qui descendront dans l'arène pour déclarer une guerre à mort à l'erreur. Ils répondront d'ailleurs d'eux-mêmes à son appel, nous en sommes persuadés : car si tant d'hommes ne sont mûs que par un vil intérêt, il est encore des caractères nobles, désintéressés, uniquement incités par le désir du bien, qui prendront une part active à cette guerre sainte, qui consacreront leurs veilles au triomphe de cette cause, triomphe qu'ils voudraient obtenir au prix de tout leur sang. Encore une fois, que le gouvernement montre seulement la ferme volonté de se sauver lui-même, et de sauver la société, la religion en un mot ; car elle est la base et le fondement de tout, et les secours ne lui manqueront pas ; et l'on verra que rien n'est impossible pour le bien.

Nous n'avons pas besoin de répéter qu'il ne peut point être question ici de réfuter des calomnies, de répondre à des mensonges, à des personnalités, à des suppositions arbitraires : nous l'avons dit, ils doivent être retranchés sans miséricorde par les ciseaux de la censure. Ayez la liberté, puisque vous en êtes si avides ; mais la liberté des principes, la liberté d'une discussion calme, décente, honnête, raisonnée, et non la liberté de tout dire, la liberté de tout envenimer, de tout travestir, la liberté d'exhaler à chaque ligne la frénésie, qui vous possède et vous emporte : c'est une liberté digne de l'enfer, mais non d'une nation qui se prétend éclairée.

Il y aurait encore un autre moyen à opposer aux progrès des faux principes. Le gouvernement, par exemple, ne pourrait-il pas appeler à son secours un nombre suffisant d'hommes d'esprit, d'un talent reconnu, sincèrement attachés à la religion et au trône, afin de rédiger, pour son compte, un journal où toutes les questions élevées de religion, de philosophie et de politique seraient traitées avec un talent supérieur ? Ce journal devrait être envoyé gratis, non-seulement à tous les fonctionnaires, mais aussi à tous les électeurs lisant les journaux, à tous les cabinets littéraires et de lecture de France. Dans le principe les esprits revêches, opiniâtres, le repousseront, nous le prévoyons ; mais si l'on tient ferme, ils s'apprivoiseront peu-à-peu ; et si ce journal contient en même-tems les nouvelles politiques d'un certain intérêt, un grand nombre de lecteurs finiront par se contenter de cette feuille, et l'on portera ainsi un coup mortel aux spéculations du journalisme, qui n'est pas le moindre fléau des sociétés modernes.

Ici l'on se récriera contre les frais qu'une telle entreprise entraînerait pour le gouvernement. Mais que sont tous les sacrifices pécuniaires, au prix du salut de la monarchie des Bourbons ? Mais où les prendre ces frais ? où les prendre ! à défaut d'autres ressources, la liste civile ne pourrait-elle pas faire face à une telle dépense ? et cette allocation n'est-elle pas assez noble dans son but, pour écarter toutes les objections soit de convenance, soit de toute autre nature ? Au reste nous ne nous en dissimulons pas la gravité : mais lorsqu'il s'agit de sauver un bel empire, toutes les considérations secondaires doivent se taire. Certes, si la grande, la magnanime, l'immortelle *Marie-Antoinette* eût été écoutée, lorsque pour combler le déficit que la noblesse et le clergé refusèrent d'abord si imprudemment de couvrir, et qui fut le prétexte de la convocation des Etats-Généraux, elle proposa de faire le sacrifice des domaines de la couronne, et que l'on eût allié avec ce sacrifice généreux des mesures de vigueur et de régénération, la révolution eût pu être comprimée dans sa naissance, et la France n'eût pas été inondée de sang et remplie de carnage.

Ici notre tâche est finie. Nous demandons pardon à nos lecteurs, si nous avons abusé de leur patience. Des considérations d'un haut intérêt se pressaient sous notre plume, et nous n'avons pu résister au désir de les soumettre à leur examen et à leur méditation. Nos vues réunies aux vues profondes du *Franc Parleur du Nord* pourront jeter, nous le pensons du moins, quelques lumières sur les questions qui sont à l'ordre du jour. Nous avons parlé sans détours et avec une entière conviction. C'est le denier de la veuve que nous apportons en offrande à la société menacée dans ses plus chers intérêts. Puisse-t-il ne pas être entièrement dédaigné! puisse la France pour laquelle nous formons des vœux si sincères et si ardens, sortir victorieuse de l'épreuve que lui a attirée l'oubli de Dieu, et que lui a suscitée l'enfer! Puisse-t-elle enfin confondre tous ses ennemis, refouler la révolution dans l'abîme, dont elle n'aurait jamais dû sortir, et réunir tous ses enfans dans l'amour de son Dieu et de son Roi!

LILLE. — Imprimerie de Reboux-Leroy, Libraire, rue des Fossés, N.° 12.